如此星辰如此月

钱钟书与杨绛的旷世情缘

朱云乔 著

民主与建设出版社

图书在版编目(CIP)数据

如此星辰如此月:钱钟书与杨绛的旷世情缘 / 朱云乔著.—北京:民主与建设出版社,2014.8

ISBN 978-7-5139-0367-7

Ⅰ.①如… Ⅱ.①朱… Ⅲ.①钱钟书(1910~1998)-生平事迹②杨绛-生平事迹 Ⅳ.①K825.6

中国版本图书馆 CIP 数据核字(2014)第 122115 号

责任编辑 李保华
封面设计 咖啡豆
内文排版 魏 华
出版发行 民主与建设出版社
电　　话 (010)59417745 59419770
社　　址 北京市朝阳区曙光西里甲 6 号院时间国际大厦 H 座北楼 306室
邮　　编 100028
印　　刷 廊坊市华北石油华星印务有限公司
成品尺寸 150mm×210mm
印　　张 7.5
字　　数 152 千字
版　　次 2014 年 8 月第 1 版 2014 年 8 月第 1 次印刷
书　　号 ISBN 978-7-5139-0367-7
定　　价 29.80 元

序一　真水无香，百年好合

这样的书写，显然比起钱钟书和杨绛本身的爱情要笨拙和浅显得多。当他俩出现在我们眼前时，已然是老人模样，可是再老态龙钟，再佝偻疲惫，他们也有过光彩照人的青春。一个是享誉清华大学的才子，一个是诗学孝义满腹的才女，从年少时期的一记擦肩而过，月老的线就早已暗中将二者的步履紧牵。结为连理后，二人相敬如宾，在治学之道上相互支撑，一个是荣耀榜样，一个则是得力辅佐，即使在国家运动时期受到不公正的待遇，二者也是同甘苦共命运，毫无怨言，从苦难中一路相携走来。

本书还原了两位老人的青春年华、求学之路，从一而终的爱情成为整本书连接二人治学生涯的线索。爱情不是将所谓的“爱”放在唇边，而是以相扶相掖的姿态共同抵达人生的理想和终端。叙述上时而从容时而简约，以两人各自的作品的影响和产生背景作为依据，将伉俪之情衬垫得更为动人。作者定有做过大量的准备工作，巨细靡遗地展现了学人夫妇的人生和爱情。

书中回溯了钱钟书与杨绛的爱情往事，两人从清华大学走向牛津大学，又从牛津大学走向巴黎大学，一路求学，并在爱情滋润下诞下宝宝。他们在异国他乡的旅程中，一定有过浪漫和感动。国内战乱，他们却毅然选择归国，选择清贫、单一的治学创作的生活。钱学研究者胡河清曾如此赞赏二人："钱钟书、杨绛伉俪，可说是当代文学中的一双名剑。钱钟书如英气流动之雄剑，常常出匣自鸣，语惊天下；杨绛则如青光含藏之雌剑，大智若愚，不显刀刃。"两句话，一双剑，将两位学人在学界的地位和风格全提点出来了。而两者写作风格上的迥异，或恰是彼此互补交融的一个力证。

钱钟书身上有书呆子气，自有一股读书人的清高，才学上的造诣一定也引得周边嫉妒，若他是一盏晃眼的灯，杨绛便是他的灯罩，替他收敛才气四溢的光芒。她曾说自己是他的"拦路虎"。为了在晚年争取更多时间治学，他们闭门谢客，都是杨绛谢的客、闭的门。与外界几乎断绝联系的大隐之风，或许与他们此前受过伤害有着密不可分的关系。假如没有晚年下乡劳动改造的遭遇，他们的爱情未免带着与世隔绝般的天真，可是即便下乡改造，田间地头依然盛开着他俩的浪漫，在说话容易遭罪的年代，他们用小纸条传递所思所想。

杨绛的戏剧作品《弄真成假》上演后，钱钟书从中获得灵感，打算写一部现代版的《儒林外史》，这便是后来长销不衰、影响好几代人的《围城》。那句"城里的人想出去，城外的人想进来"现已是用来形容爱情与婚姻绝佳的名言了，略带调侃的语气，仿佛吸纳了英式幽默中的那种刻薄，但的确道出了真谛。小说虽然轰动受欢迎，钱钟书却只写一部。他与杨绛共同养育的孩子也只有一个：

钱瑗。有了孩子后，他们就组成了三人世界，和乐共处，全然没有两代人之间的隔阂与代沟。当钱瑗、钱钟书相继离世，唯留杨绛一人存世，她在《我们仨》里感慨道：我们走散了。

人生最大的痛苦，无非便是亲人辞世、无依无靠，曾经的欢乐都转眼成云烟。杨绛收拾自己的余生，便是与钱钟书的手稿共度，编辑整理他生前所有的手札笔录，从他遗存的墨迹里找寻生前的那个他。一个人的孤独里，谁说缺了爱情的浸润？这又是另一种相守和陪伴。钱钟书病榻前日夜陪护，离世后善后与整理事宜，都由杨绛一人落实，她耳畔犹存钱钟书离世前抛下的一句“好好活”，于是全心全意活下去，为两人的旷世奇绝的爱情。即使在多年后，拍卖行惊现钱钟书与友人的信札，她也毅然挺身坚决抵制。

钱钟书曾这样形容他与杨绛的爱情：“绝无仅有的结合了各不相容的三者：妻子、情人、朋友。”的确，与最爱的人结为连理，并不仅仅欣赏对方的一面，而是很多面，既有志同道合的雄心，又有缠绵温婉的爱心，而且贵在有一同吃苦的决心。对照如今各大电视台满天飞的物质爱情观，这种质朴、简约、白头到老的爱情确实算得上惊世骇俗。

或许年轻人还无法理解和感受这种真水无香的爱情，但人生走到中途便一定能够领悟。真水无香，静水常流，这是何等可贵的爱情啊！

岳　南

2014年4月11日

序二　时间·爱情·流年

他用一支犀利的笔，写尽世间纷乱，却用一颗宽和的心，将微笑注入她的眼睛。

她用一腔温柔的情，酿成半生美满，却与数载离殇相伴，将思念藏入流经岁月。

无论是清茶般微甜的初见，还是日日夜夜相守的浓重，抑或是老态龙钟的相依相伴，他们的情感隽永而珍贵，他们是钱钟书与杨绛，风雨中共同携手，走过了穿越世纪的爱情长梦。

爱情的千般样貌里，我独爱这样的默然相守。没有海誓山盟，没有惊天动地，只是平凡地相亲相爱，走过了生命里的每个瞬间，品味着生活的大智慧和小情调。

如今，三人之城只留一人独守，却依旧不减当年的温暖从容，仿佛那昔日的欢声，从未逝去。合上书卷，轻声微叹。时间，都去哪儿了。

王铮亮

2014年4月24日

序 三　爱情可以生生不息

民国烟云，时代临界，不乏缠绵悱恻的传奇爱情故事。那时，这片东方土地刚刚掀开沉睡的眼皮，打开望向全世界的眼睛，对自由的渴望，对爱情的向往，像是一团火焰，燃烧在每一个青年的心里。

时间这把筛子，留下无数段令人回味的情缘，它们活跃在大小银幕上，也流传在茶余饭后的谈资里。细数这些往事，也唯有一段，看似并不波澜壮阔，却最为暖心。

一个是名满天下的儒雅才子，一个是知书达理的大家闺秀。他们仿佛已有了前世的约定，不纠结，不吵闹，不理喧嚣，只是安静地牵着彼此的手，走到时光尽头。

今天，人们仍然反复咀嚼着才子留下的经典命题：围城之惑。他却早已参透了自己的姻缘，与妻子走过万水千山。

有人说，爱情最动人的时刻，是烟火绽放的那一瞬间，即使短暂，却也可以回味一生。我却觉得，孤单世界里的平淡相守，不抱怨、不欺骗、不相离才是最动人心弦。

围城，是心里的围城，执手真爱，便无所谓出去与进来。激素的吸引，只是瞬间。灵魂的契合，才是天长地久。

这是钱钟书与杨绛的爱情，他们是最好的朋友，最好的情人，最好的知己，最好的亲人，最好的夫妻。他们走过绽放的青春，也熬过战争与疾病。无奈世间没有完美，生命总有缺口，他们没能共同走到最后的最后。

当人们过了喜欢狗血剧情的年龄，越懂得爱的真谛是什么，就越能够懂得杨绛心里的那份波澜不惊。我们在她的作品中打捞着往事，感受那平淡中的巨大力量，忽而明白，为何爱情可以生生不息。

如今，爱情故事只剩下女主角，她带着淡然的微笑，跨过百年的时光轴。曾经沧海难为水，世上只有钱钟书，可以与她并肩而立。

【目录】

卷一

Chapter · 01

未及相逢：望向同一片星空的眼睛

如果真有冥冥之中一切都已注定，如果他们出生、成长，独自走过二十几年的旅程，只为了圆满相逢时可以匹配的爱情，那么曾经有些孤寂的年月，也会充盈上别样的风采。世界很大，有时又很小，缘分真的是很神奇的东西。那天，父母去看房，心血来潮带她同往，而那房子，正巧是钱钟书家租住着的旧宅。没人知道，两个年幼的孩童，是否在街头巷角擦肩，只是她并没有在旧宅见到他。

当世界遇见才子

有人说，世间之大，每个人都是过客。我们来到世上，为了找寻，为了前世的约定，为了重逢，为了今生的情缘。

一九一〇年十一月二十一日，也就是清末宣统二年的农历十月二十日，随着一声嘹亮的啼哭，一代才子呱呱落地，这便是钱钟书。那时，世间还没有那个叫作杨绛的温润女子。

身在襁褓中，他只是稚嫩的幼子。没有人知道，有朝一日，他会长成家喻户晓的名人学者，会写出一部流芳百世的《围城》。上帝在云端，眨眨眼，眉一皱，头一点，便给了他与众不同的脉络轨迹。

杏花春雨，钟灵毓秀。他的故乡，迷离在江南的烟雨之间，漂浮在烟波浩瀚的太湖之滨，落脚于轻灵秀美的文化名城——无锡。生于斯，长于斯，在人文荟萃、底蕴深厚的东吴宝地，他长成锦心绣口的人才，仿佛也是理所当然。

当世界遇见才子，一切自当与众不同。

钱钟书是长孙，生于封建传统的诗礼之家，祖父钱福炯已年过六旬，是个秀才，父亲钱基博更是一代国学大师。他的出生，无疑为钱氏家族注入了无限希望与欢乐，抱孙心切的祖父，对这期盼许久的宝贝长孙自是倾爱有加。

书香门第，世家望族，钱钟书的大家庭在当地颇有些名气。祖父育有四子：长子钱基成，次子钱基全（早夭），还有三子钱基博和四子钱基厚一双孪生兄弟。

封建家族，自有封建家族的礼仪传统。三十多岁的钱基成膝下只有一女，不能为后，祖父便按传统将钱钟书过继给了大伯父。一直无子的大伯父自是欣喜不已，他冒着倾盆大雨，连夜去农村为钱钟书寻来了健壮的奶妈。

钱钟书出生那日，家中恰有人送来《常州先哲遗书》，大伯父便为他取名“仰先”，字“哲良”，小名“阿先”。“仰望先哲”，向先哲致敬学习，这是大伯父对他的期许与祝福。

周岁的抓周礼上，跌跌撞撞的幼小孩童，抱起一本书咿呀学语，乐坏了一应长辈，他的名字，也正式定下“钟书”二字。从此后，在大伯父和父亲的双重关爱和教育下，小钟书一日日成长开来。

他三岁了，大伯父便开始教他识字。只是将他视为珍宝的大伯父，如慈母般亲昵，不忍对其严格要求，也不愿他太早承受读书之苦，只是每日将他带在身边，逛大街，上茶馆，听说书，四处游玩。

如果说伯父是慈母，那父亲钱基博便是真正的严父，他看着兄长带着儿子四处玩耍，心中暗暗着急，害怕惯坏了钟书，也怕他荒废学业。只是在敬重的兄长面前，他不便干涉什么，只能委婉地建议大哥，将钟书早些送入学堂。

一九一五年，五岁的钱钟书进了私办的秦氏小学，懵懂地识字造句。只是不到半年，他便生了一场大病，病好后，恐慌心疼的大伯父便为他办了停学，只在家中休养。

后来，他又与堂弟钱钟韩（叔父钱基厚之子）一同去亲戚家的私塾复学，钟书念《毛诗》，钟韩念《尔雅》。两个相差只有半岁的兄弟，一起玩耍，一起读书识字，颇为要好。只是因接送不便，大伯父又将他们接回了家，由自己看管教育，还对担心不已的两个弟弟说："连你们两兄弟都是我启蒙的，我还教不了他们？"

这样，钟书又开始了跟着大伯父一起游玩读书的日子。早上，他跟着伯父四处乱逛，去茶馆喝茶、找熟人聊天或者办理杂事。伯父总是给他买些大酥饼、猪头肉一类的吃食，有时还会为他租些《说唐》、《济公传》、《七侠五义》一类的小说。

大伯父无疑是爱他的，也希望他有美好的未来。曾经，有风水先生预言钱家风水不旺长房旺小房，并说长房一般无后，就算有，也不会有什么出息。对此，他很是耿耿于怀，怕不幸连累了钟书，便偷偷带他去祖坟祭拜，还偷偷在代表长房的半边树旁埋了好几斤头发。

钱钟书站在大伯父身边看着，很是不解。大伯父说："要叫上半的树茂盛繁壮，将来保你做大总统。"

说来也怪，那长房一边的树确实长得细小稀疏，而小房一边的树高大繁茂。姑且不论迷信与否，多年后，当伯父泉下有知钱钟书成为名满天下的学者，自会欣慰不已吧。

钱钟书爱读书，七岁以前便囫囵吞枣地看完了家中收藏的《西游记》、《三国演义》一类古典名著。看罢，他只觉意犹未尽，便在书摊租些别的小说看，每一次都看得津津有味，沉浸在小说的世界里忘了回家，直到伯父出来寻他。

他记忆力好，口才也好，回家后，便滔滔不绝地向两个弟弟讲他看过的内容，连武打的场面和人物的对话都描述得绘声绘色，讲到兴处，还手舞足蹈，不能自已。

此外，他还心细如丝，总有些奇怪的联想和对比。看了《说唐》，他只觉《三国演义》中关公八十斤重的青龙偃月刀，敌不过李元霸那对八百斤重的锤子，而李元霸的锤子，又如何敌得过《西游记》中孙悟空一万三千斤的金箍棒？

可以将小说中好汉们的兵器重量记得一清二楚的钱钟书，却独独识不得“1、2、3”几个阿拉伯数字，让一贯严肃的父亲气得咬牙切齿，颇有几分恨铁不成钢的意味。

看着整日只知跟着伯父吊儿郎当闲逛、贪吃贪玩贪看小说不完成正经功课的儿子，钱基博很是生气，只得趁着兄长不注意，抓钟书学数学，只是教来教去，钟书就是不开窍，气极的他发狠使劲拧儿子，还呵斥他不准哭，也不准告诉伯父。

钱钟书真的不哭不说。只是晚上，伯父看到他身上青一块紫一块的，还是知道了。气恼加心疼的钱基成，将钱基博好好训斥了一番。

小孩子不免爱玩，再加上长孙的地位，及大伯父的宠爱纵容，他在自家十余个堂兄弟间，常以老大自居，有人说他狂妄自大、目中无人。其实，这个老大，他确实当之无愧，因为他口才好，根本没有人能吵得过他。

而他，小小年纪，确实也有几分狂态。不管是什么人什么事，他都不在乎，敢当面批评嘲弄。当然，他威严的父亲除外。

一九二〇年秋，已满十岁的钱钟书与钱钟韩一起考上了东林小学一年级。只是入学没几日，便传来了大伯父去世的噩耗。虽然对死别还有些许懵懂，但他却真真切切地感到难过，他一边哭喊着“伯伯”，一边向家里跑，他扑在伯父身上哭着叫着，只是那疼爱自己的伯父，再也听不到那声声的呼唤。

伯父去世了，从此后，他的教育，成了父亲一个人的事。伯父是慈爱和蔼的，令他时时怀念，而父亲却是严肃刻板的，在他心里平添了几分畏惧生疏，从不会想到向父亲要钱，哪怕是买书买笔买本子。

他是顽童，常常把课堂搞得鸡飞狗跳，有时拿着弹弓射人，还曾经把抓到的小青蛙带进教室。为此，他常被训斥罚站，只是他嘻嘻哈哈，混混沌沌，边站边乐，没有丝毫胆怯之意，更谈不上愧疚之说。

可以说，钱钟书从没有规规矩矩地听过课，不管是国文、数学还是英语。他不看课本，只顾浏览自己带的小说，而这个小顽童，也只有沉浸在小说的世界里才会安静下来。

他的数学，依旧糟糕得一塌糊涂，而他的国文，却出奇地优异，尤其是作文。小楷虽然潦草，歪歪斜斜，但他的文采却是有目共睹，常常得到“眼大于箕”、“爽若哀梨”一类佳评。或许，舞文弄墨真的需要些天分。

他是倨傲的，满不在乎，万事不愿求人。他也有些许自负，有着目空一切、信口开河的性情。他的父亲对此很是担忧，怕他祸从口出，得罪些什么人，便特地把他的字改为“默存”，告诫他能“以默获存”。只是这匹桀骜的骏马，真正做到“以默获存”，恐怕已经是“文革”时期了。

一九二三年，他与钟韩一起考入了苏州桃坞中学。那时他十三岁，依旧不知用功，数学烂得一如既往，英语也不十分突出。但因文学的兴趣和天赋，他自由驰骋，随心发挥，入学不久，便在初高中同学共同参加的中文竞赛中获得了全校第七名，大受校长和老师们的青睐。

桃坞中学是一所教会学校，校长是外国传教士，外文课也是外教来上，地理等其他课程也是全英教学。在这样的环境熏陶下，他渐渐喜欢上了英语，迷上了外文原版小说，在课堂上，他从不听课，也不看教科书，只低头阅读一本又一本的西方原著。

有人说，兴趣是最好的老师。在中学里，他读完了《圣经》、《天演论》等许多西方名著，英文成绩也有了质的飞跃，不仅名列前茅，还明显高出其他同学许多，连外教都夸他英文纯正，没有丝毫中式英语腔调。

一九二四年，钱基博远赴清华大学任教。少了严父管教，他成了脱缰的野马，在一大批小说杂志间恣意翱翔，包括《小说世界》、《红玫瑰》、《紫罗兰》，还有两小箱“林译小说丛书”。

只是钱钟书自由散漫惯了，总经不住父亲突然归来查岗。那天晚上，父亲回来了，第一件事便是命他和钟韩做篇文章，他因不文不白的措辞、庸俗怪诞的用字，得了父亲一顿痛打，狼狈不已。

这顿痛打，仿佛把他打醒了。他开始发奋用功，不再偷懒，治学态度也由杂览转为专攻，只是一切仍以兴趣为重，常常别出心裁，下笔有神。

一九二七年，江浙沪一带被北伐军占领。国民政府不准基督教《圣经》作为教会学堂的必修课，惹得桃坞中学停办抗议，钱钟书与钱钟韩只得重新考入无锡辅仁中学学习。

当年，辅仁中学举办了国文、英语、数学三科的全校竞赛，刚入学的钟书国文、英语全是学校第一，而钟韩则国文、英语第二，数学第一，两兄弟以绝对优势压倒一干高年级学生，引起极大的轰动。之后不久，两兄弟分别考上了清华大学和上海交通大学。

他不是循规蹈矩之人，也不算刻苦听话的乖乖少年，却也从时时挨父亲打的顽劣孩童，长成了学有所成的勤奋青年。他是聪明的，用一腔热情与天赋，自会成就属于自己的人生传奇。

当世界遇见才子，便不只给他天赋，还会给他经历。

君生我未生

未及相逢，他徜徉在迷离的江南水乡，走过岁月，慢慢成长。

如果真有冥冥之中一切都已注定，如果他们出生、成长，独自走过二十几年的旅程，只为了圆满相逢时可以匹配的爱情，那么曾经有些孤寂的年月，也会充盈上别样的风采。

只是遗憾无处不在，处在人生路，他们各安一隅，无人知晓未来的点点滴滴。素手调墨，羽笔轻拈，相思腕底，静待流年，何时才能见到，那纯白如羽的华裳？

一九一〇年十一月，钱钟书出生时，杨绛还只是一个小胎儿。一九一一年七月，杨绛出生了，而钱钟书也只是咿呀学语的襁褓孩童。他们在不同的天空，顺着人生脉络，向着同一片星空缓缓前行。

谁人懂得“还君明珠双泪垂，恨不相逢未嫁时”的哭泣，又有谁懂得“君生我未生，我生君已老”的遗憾。不过还好，作为观者，我们知道钱钟书与杨绛的爱情，走过了静水流深的温润的六十六年。

君生我未生，我生君未老。这样的不紧不慢，才是刚刚好。

那么，请将视线远放到民国初年的古都，看看刚刚出生的美丽女婴，怎样长成钱钟书中意的模样。

她是杨家第四个女儿，乖巧可人，小名唤作季康。杨家也属名门望族，父亲杨荫杭是刚正不阿的江南才子，精通东西方政治法律，也是一位热心革命的新派人士。

在安详的四合院里，在飘逸着书香的灵动阳光下，她快乐地成长。父母虽是旧式夫妇，却相亲相爱，如一对老朋友，后来，杨绛如是写道："我父母好像老朋友，我们子女从小到大，没听到他们吵过一次架。旧式夫妇不吵架也常有，不过女方含有委屈闷在心里，夫妇间的共同语言也不多。我父母却无话不谈。"

父母至情相爱，家庭和睦美满，无疑给揉着惺忪睡眼来到世间的儿女们更多的温暖。在父亲豁达幽默的言谈间，在母亲细致入微的爱抚下，小季康度过了滋润幸福的童年。

最让杨绛感动的，是六岁那年的一个寒冬。那是个风雪弥漫的晚上，大风呼啸，摇曳着阵阵尘埃，忙忙碌碌的母亲突然着急地说："啊呀，阿季的新棉被还没有拿出来。"随后她差人拿了洋灯，匆匆穿过白雪盖地的后院，去箱子间拿为小女儿置办的新棉被。

依旧懵懂的杨绛却心细如丝，她在温暖的房间，看着母亲手中摇摇晃晃的洋灯和同样摇摇晃晃的母亲的背影，禁不住想要泪流满面。她不知道为什么想哭，只是模模糊糊，一种别样的情绪，涌上心头。

岁月淡淡流淌，时代的列车轰隆隆地行进着。一九一六年，杨绛五周岁，父母把她送进了女子高等师范学校（以下简称"女高师"）附属小学念书，那时她的三姑母杨荫榆正巧在女高师任学监，有时也会来附属小学转转。那时的三姑母还是个和蔼可亲的女青年，一点也不怪，很受女高师学生的喜欢。有一次，杨绛正和小伙伴们在饭堂里吃饭，三姑母带着几个外宾进来参观，正在叽叽喳喳的同学们顿时没了声响，只神态肃然地埋头吃饭。

那时，小杨绛背对门坐着，饭碗前掉了些米粒儿。三姑母从她身边走过时，低头在她耳边轻轻说："粒粒皆辛苦。"乖巧早慧的小姑娘赶紧把碗前的米粒儿吃了，别的同学瞧见，也纷纷将零落的米粒儿塞进嘴巴。

因着深受三姑母的爱戴，女高师的女大学生们也很喜欢听话的小杨绛，常常带她去大学部打秋千，当秋千如张开翅膀的鸟儿飞向天空，她的心怦怦直跳，双手紧紧抓着粗壮的绳子，她是害怕的，只是乖巧如她，自是不会说的。

有一次，女大学生们开恳亲会，要演三天戏，她们便借杨绛演"花神"。于是，一个辫子盘起，插满花朵，还穿着贴满金花的戏服翩翩起舞的花仙子便活脱脱地现了身，惊羡旁人。

还有一次运动会，一个跳绳的女大学生让她扮演小卫星，围着自己绕圈圈，还专门为她准备了台词。小小的杨绛，便在天高地阔的运动场上，含羞带怯地绕圈跳绳，只是说台词时，太过细语轻声，惹得一位老师直说："你说了什么话呀？谁都没听见。"

这是她的童年，琐细间包裹着不张扬的快乐，而这份快乐，与她的三姑母是分不开的。后来，杨绛回忆说："演戏借我做'花神'，运动会叫我和大学生一同表演等，准是看三姑母的面子。那时候她在学校内有威信，学生也喜欢她。我绝不信小学生里只我一个配做‘花神’，只我一个灵活，会钻在大学生身边围绕她跳绳。”

只是，童年的记忆不只是欢乐，有时还夹杂着点点悲伤。一九一七年五月，时任京师高等检察厅厅长的父亲，为维护民主法治的公义，把贪污巨款的交通总长许世英拘押起来，还不准保释。

这便是她的父亲，刚正不阿，连上级和民国政府有头有脸的人物为此事打来电话，他都没有妥协。只是这样“铁面无私”的模样，得罪了不少人，第二日，他便被停职审查，杨家一时间陷入了困境。

祸不单行，六月，张勋复辟，乱了北京城，也乱了人心。为了家人安危，父亲只得带家人去外国朋友家避难。那时，杨绛的两个姐姐在上海读书，正值暑假，因北京太乱便没让回来，只去了无锡老家。只是想家心切的二姐，回校没几天便得了风寒，进了医院。

母亲得了消息，很是不安。母女连心，或许她已感觉到些什么，她当即乘船去了上海。只是还是晚了，当她赶到上海的医院时，杨绛的二姐已目光涣散，直拉着母亲的手哭。

不久，母亲回了北京，只带回了大姐，杨绛再没有见到过二姐。而母亲，也因为伤心哭坏了眼睛。看着神色悲伤的一家人，只有七岁的杨绛从那时便懂事了，为二姐为母亲伤心流泪。

因着双重的打击，父亲杨荫杭悲伤不已，于一九一九年秋辞官南下，这一次，他们回了故乡。

磕磕碰碰，历经颠簸，杨绛终于见到了老家的山山水水。他们住在庙堂巷的一所房子里，那是处有小河从庭院流过的院落，杨绛可以站在自家厨房外的小桥上眺望来往的船只，很是新奇。只是她的父母并不满意此处住宅，张罗着找寻新的处所。

这一张罗，便滋生了一场八岁之缘。世界很大，有时又很小，缘分真的是很神奇的东西。那天，父母去看房，心血来潮地带她同往，而那房子，正巧是钱钟书家租住着的旧宅。

没人知道，两个年幼的孩童，是否在街头巷角擦肩，只是她并没有在旧宅见到他。杨绛一家最后并没有搬进来，因为钱钟书热心的婶母告诉杨绛的父母，自从自己搬进这里，便没离开过药罐。只有八岁的杨绛，清楚地记住了此事。

许多年后，她向钱钟书提起那空旷的院子门口，高大的粉白墙，镂空花的方窗洞，还有那门口的两棵枝叶浓密的大树……真真记得清清楚楚，钱钟书直夸她记忆力不错。

或许这就是缘分，哪怕一眼，也是忘不掉。

后来，杨家把家安在了沙巷，杨绛转入大王庙小学学习。这是段短暂的时光，没多久，父亲病倒了，也不知是气候的原因，还是河水时原因，只是住过这房子的很多住户都得过很重的伤寒。

因父亲只信西医，他们便请来了一个外国西医，抽了血送去化验，只是并没有查出病因，病情却在日日加重。母亲看着躺在床上直说胡话的杨荫杭，急得不得了，自作主张地请来一位有名的老中医，老中医把完脉便说是伤寒。

母亲恳求中医开个处方，而这位中医只是摇摇头，说病人已经没救了。母亲听到这句话，顿时就流了泪。看着母亲的眼泪和探病亲友的叹息摇头，杨绛哀伤着，惊恐不已。

还好，父亲的老朋友华实甫来了。他是当地著名的中医，看着床上满嘴鬼神的老友，自是心疼不已。他答应试试看，虽然情况不容乐观，但也只能死马当活马医，慎重地开了方子。

那一夜，他们一家人，忐忑不安地守在杨荫杭身边。世间总有奇迹，第二日，父亲睁开了眼睛，露出一丝淡淡的微笑。杨绛高兴不已，她的父亲终于挺了过来。后来，已入古稀的杨绛回想到这段往事，忧伤地说："我常想，假如我父亲竟一病不起，我如有亲戚哀怜，照应我读几年书，也许可以做个小学教员。不然，我大概只好去做女工，无锡多的是工厂。"

父亲杨荫杭病愈了，只是这场大病，让本来就不宽裕的杨家更是困难。为了谋生，杨荫杭在一九二〇年秋将家搬到了上海，在申报社当起副编辑长，还重拾了律师旧业。

后来，他又嫌上海社会太过复杂，便在一九二二年定居苏州老宅"安徐堂"，并将杨绛转入了苏州的振华女中。这是所寄宿学校，她只有周末才可以回家，依恋着温馨小家的杨绛，虽然很是不舍离家，但她还是不情不愿地住进了学校。

一到周末，她便兴冲冲地回了家，偎在父母身边，哄最小的妹妹阿必睡觉。这个妹妹刚出生不久，粉嫩嫩的很是可爱，还很像自己过世的二姐，她犹记得母亲那日悲伤的言语："活是个阿同！她知道我想她，所以又回来了。"

懂事的杨绛，因着母亲这份心，也会更加关爱这个最小的妹妹。她的母亲是慈善和气之人，对待下人也很是仁慈，而她也很是遗传了母亲的菩萨心肠，无论是生活上，还是精神上，都十分体贴自己的父母弟妹。

在父亲伏案工作的早上，她会悄悄送上一杯热气腾腾的盖碗茶，饭后，她又会送去削好的苹果或剥好的栗子和山核桃，午后她还会带着弟妹去别处，怕扰了父亲午休……

她是懂事心细的孩子，她做的一切父亲都看在眼里。一日，他叫住想要离开的她说："其实我喜欢有人陪陪，只是别出声。"于是她就安安静静地伴在父亲身边看书，冬天往火炉添煤都轻手轻脚没有声响。

她是喜欢书的，这个文静的女孩，在书中寻到了内心的平静。有一次，父亲这样问她："阿季，三天不让你看书，你怎么样？"

她老老实实地答："不好过。"

父亲接着问："一星期不让你看书呢？"

"一星期都白活了。"她张口便说。

她的父亲笑着点点头："我也这样。"

只是这爱读书的小姑娘，也有调皮的时候。一次寒假，趁着父亲午歇的时候，杨绛和弟妹一起围在书房的火炉旁偷烤年糕。只是一不小心，年糕掉进了火炉，一瞬间乒乒乓乓的声音响个不停。他们几个见闯了祸，便一溜烟都跑了出去。

一会儿后，他们又偷偷跑了回来，在门旁缩头缩脑地张望，见父亲神态轻松地坐着工作，便悄悄进来找年糕。而他们的父亲，一边忍着笑，还一边虎着脸假装没有看见他们的诡计。

看，当时年少，她便是这样乖巧懂事又不乏天真烂漫的小女子，怎能不让人喜欢呢？

传奇不可复制

场景转换，欲语还休。看罢杨绛的乖巧美好，再把镜头对准锋芒初露的钱钟书，看这个无锡才子如何扬名清华大学。

一九二九年夏，他和堂弟钟韩高中毕业。两人一起报考了全国顶尖学府清华大学，钱钟书选了外国文学，而钱钟韩则是理工类专业，兄弟二人，一文一武，颇多了些傲视群雄的气魄。

转眼便是入学考试，试卷发下来，国文和英语，钱钟书大笔一挥，便是洋洋洒洒的文字飞扬，交了卷仍觉意犹未尽。而到了数学，他看着那一堆堆阿拉伯符号组成的道道题目，只觉天书般云里雾里，寻不到出路，只得草草答了便交卷大吉。

发榜那天，他与堂弟相约去看榜，两人赫然在列，钱钟韩更是总分排名第二。而钱钟书，国文和英语都是第一名，数学则只有十五分。后来杨绛戏谑钱钟书“数学十五分，考入清华大学”。

其实，按照清华大学的招考规定，只要考生有一科不及格便不予录取，钱钟书那烂到爆的数学成绩，只能被阻隔在高墙之外。可因为国文和英语两个第一名，他的总成绩排在了第五十多名，主管老师不敢做主，便将他的情况报告给了清华大学当时的校长罗家伦。

而罗家伦很是爱才，当他看到钱钟书的国文和英语成绩，赞叹备至，破例把他录取了。此后，罗家伦对钱钟书也很是关注，对他的才华和诗作颇多夸奖。

因为这件事，钱钟书还未跨入清华大学的大门，便已有名满校园的声势。而他的堂弟钱钟韩，还考上了上海交通大学，为了表明与堂兄道路不同，他选了上海交通大学。至此，两个手足情深的兄弟，两个形影不离的伙伴，就此别过，分别踏上了文理两条道路，并在未来各自取得了属于自己的非凡成就。

在这“群贤毕至，少长咸集”的清华大学，真可谓教授如云，学子济济。钱钟书入学时，便有文学院长杨振声、外文系主任王文显及叶公超、温源宁、吴宓等一干名流学者，还有普来生、瑞恰慈、温德等外籍学者。

而最令钱钟书喜欢的，则是那藏书众多的图书馆，当时他最大的志愿便是要横扫清华大学图书馆。行万里路，读万卷书，他终日博览中西新旧书籍，一名叫许振德的同班同学曾如是评论说：“钟书兄，苏之无锡人，大一上课无久，即驰誉全校，中英文俱佳，且博览群书，学号为八四四号。余在校四年期间，图书馆借书之多，恐无能与钱兄相比者。课外用功之勤，恐亦乏其匹。”

无论是课堂还是课下，他都只专注于课外书的阅读，从没有认真听过课，也没有记过笔记。但他的考试成绩却是名列前茅，有两个学年成绩皆为“甲上”，还有一个学年得到破纪录的超等成绩。

一名叫饶余威的同学这样说：“他的中英文造诣很深，又精于哲学及心理学，终日博览中西新旧书籍，最怪的是上课时从不带笔记，只带一本与课堂无关的闲书，一面听讲，一面看自己的书，但考试时总考第一。”

另外，他还提到钱钟书的一个“怪癖”——“看书时喜欢用又黑又粗的铅笔画下佳句，又在书旁加上他的评语，清华大学藏书中的画线和评语大都出自此君之手笔。”

其实，除了这个被称为怪癖的习惯外，他还在读书笔记上大下功夫，不管是宿舍的书架还是书桌，那一摞摞写满心得文字的笔记本随处可见，有的甚至堆到一尺多高。

他喜欢读书，有着惊人的记忆力和悟性，无论多么艰深的书籍，他都可以不费力地领悟。并且，在高谈阔论时，他可以将广泛涉猎的知识学以致用，什么黄山谷的诗句，什么古罗马作家的名言，都可以信手拈来，甚至可以立刻找到出处。

另外，他还鼓励别人读书，能够为旁人不假思索地开出颇负建设性的书目，并能将书的内容优劣详细列明。一次，吴组缃找他推荐三本英文禁书，他二话不说，当即写出四十多本，书名、作者及内容简介都罗列详细，写了满满正反两面，看得同学大为称奇。

自古有云：“读书破万卷，下笔如有神。”钱钟书的文章写得极快，却又总是语惊四座。同学郑朝宗如是说：“我曾亲眼见他在人前笔不停挥地写出文采斐然、妙趣横生的书札；又曾眼见他给学生改英文作文，把一篇命意修辞都很寻常的东西改成漂亮的文章。”

在校期间，他常常在《清华周刊》、《新月月刊》、《学文周刊》及《大公报》等杂志报纸上发表文章，以书评、散文为主，中英文并用。他的文章，说理透彻，旁征博引，洋溢着渊博的知识和出众的才华，给人耳目一新之感，连在政界赏识提拔过周恩来和朱德的张申府教授也在《大公报》上称赞他说：“钱默存先生乃是清华最特殊的天才；简直可以说，在现在全中国人中，天分学力也再没有一个人能赶上他的。因为默存的才力学力实在是绝对地罕有。”

能考得上清华大学的学子，不是出类拔萃的青年才俊，便是远近闻名的风华才子，实力当然都是不容小觑的。钱钟书同班三十人，虽然毕业时少了三人，但二十七位同学皆成为了名家学者——戏剧家曹禺、小说家吴组缃、书评家常风、翻译家石璞……

只是立于鹤群间，钱钟书依旧卓尔不群，得到叶公超、温源宁、吴宓等一干名家教授的一致赏识。这样的殊荣，只他一人而已。吴宓教授更是如是感叹：“自古人才难得，出类拔萃、卓尔不群的人才尤其不易得。当今文史方面的人才，在老一辈人中要推陈寅恪先生，在年轻一辈人中要推钱钟书。他们都是人中之龙，其余如你我，不过尔尔。”

因吴宓教授这句“人中之龙”，钱钟书便得了“清华之龙”的雅号，他的同班同学曹禺得了“虎”字，颜毓蘅则是“狗”，他们三人被称为清华大学外文系“三杰”，而他居“三杰”之首。并且他还是清华大学所谓的“三才子”之一，另两位是在历史系。

一九三一年十月，温源宁教授想要请他去英国伦敦大学教中国语言文学。那时他只是一个刚刚步入大三的学生，这样的推荐可以说是破天荒的，是极大的殊荣。他给父亲去了信征求意见，钱老先生看了自是喜不自禁，但他恐儿子太过自喜自傲，太过锋芒毕露，便告诫他“不要自喜”，钱钟书也打消了远赴伦敦教书的念头。

这么多年，父亲是了解钟书的，他怕儿子因着狂气毁了前程。在清华大学，他是佼佼者中的佼佼者，连名教授们对他也是另眼相看，甚至有人将他看作教授的“顾问”。只是满腹经纶的他，还怀有一身傲骨，敢与权威论长短，没受过他嘲笑批评的清华大学文史教授，可谓寥寥无几。

一九三二年，新文学大家周作人出版了《中国新文学的源流》一书，一时间好评如潮，深受学术界的重视。而钱钟书却在《新月月刊》发表的书评里摘误指瑕，毫不客气地指出了书中的根本误解、错误和不足之处。

在书中，周作人将文学划分为“载道”、“言志”两类机械图式：载道即遵命文学，在政府禁锢思想时起支配作用；言志则是思想繁盛时的先进文学，以明代公安三袁为典型。而他更是认为，反对封建思想的“五四”文学革命与公安派一脉相承。

钱钟书对这样的说法不能苟同。他在书评中辨别了“载道”、“言志”并非相悖的概念，“文以载道”、“诗言志”，一切只是分工的不同，多少“载道”的文人，作起诗也是抒怀以言志。有些东西，并不是简单的归纳派分，也没有泾渭分明的界限。

他批评了周作人的概念不清和简单逻辑，持之有故，言之有理，周作人哑口无言，无可置辩。只是这样毫不避讳的评论太露锋芒，总不免让当事人难堪。他禀性如此，到底是年轻气盛、血气方刚，不屑于为了所谓的人情世故做违心妥协。

他只是他，按自己喜欢的方式与世界相对。在校期间，他不喜交际，更不会去拜访那些所谓的权威名流，连社团活动相邀也只是敬谢不敏。有人说他行为乖张，不近人情，也有人说他架子大、爱挑剔、爱出风头……那又怎样，他就是他，从不愿在那些虚与委蛇的应酬中浪费宝贵光阴。

才子的世界，不需要太多人懂。他有太多的事要做，太多的书要读，他要把那点点滴滴的时间积攒起来，在图书馆里消磨，在书海里遨游，如痴如醉。除此外，靠着自己的揣摩和悟性，他作了大量独具匠心的旧体诗，还成了石遗老人的门上客。

石遗老人，在旧诗中取法江西诗派，颇有一番建树底蕴。石遗老人性情孤傲，很少将世间诗人学者看在眼里，却独独对相差两代的钱钟书青睐有加，对他的诗作的意境与风骨也指点颇多。因为石遗老人，钱钟书舍唐诗趋宋词，诗写得也更快更好。

石遗老人降尊纡贵，亲切唤钱钟书“世兄”。两人谈诗论道，石遗老人常常拍案而起，惊叹：“世兄记性好！”石遗老人还如此品评云：“世兄诗才清妙，又佐以博闻强识，惜下笔太矜持。夫老年人须矜持，方免老手颓唐之讥，年富力强时，宜放笔直干，有不择地而流，挟泥沙而下之概，虽拳曲臃肿，亦不妨有作耳。”钱钟书说：“丈言颇中余病痛。”

石遗老人在自己编写的《石遗室诗话续编》中把钱钟书的诗册逐一点定品评，还特意为他附上热情洋溢的序言。他说："默存精外国语言文字，强记神思，博览载籍，文字渰雅，不屑枵然张架子，喜治诗，有性情，有兴会……"

传奇不可复制。他是钱钟书，读书著文，研磨作诗，自有别人学不来的风骨与性情。在清华大学，他用自己的学识与个性，征服了无数学子和教授，世间再寻不到一个如他这般的人物。

柔软中的钢铁

钱钟书已经来到了清华大学，并且过得如鱼得水。而那个望向同一片星空的女子，还会远吗？

时光追溯到一九二七年，那时杨绛十六岁，已是苏州振华女中高中部的学生。正是如花似玉的年纪，她因个头矮，人还娇小，看上去就像十三四岁的女娃娃，没有长开，懵懵懂懂。

那时正是北伐战争胜利时分，动荡的年代，胜利的欢乐总是伴随着扩张百倍的激动，一个个游行队伍，群情激昂地涌上热闹的街头，学生运动更是此起彼伏，集会、演讲弥漫了那些兴奋躁动的日子。

有一次，学生会发动各校学生上街宣传，杨绛同学也赫然在列。只是瘦弱文静的她，一想到自己如猴子般站在板凳上，被一群人围将起来，其中还不乏轻薄猥琐的男人，便觉得如当街示众般难堪，而自己那细弱的声音又如何能穿透喧哗吵闹的人群呢？

她不愿参加，却又没有推辞的理由，便想学当时古板人家的女学生，借家里人不同意的说辞推掉。周末回家后，她立即向父亲求助，不料她的父亲一口拒绝了："你不肯，就别去，不用借爸爸来挡。"

她的父亲是倔脾气，眼里容不得沙子。他是江苏省高等审判厅厅长时，张勋打败了一家军阀胜利进京，江苏省的名士乡绅联名登报表示欢迎，他并不愿欢迎这样的"辫帅"，可下属也自作主张加入了他的名字。他得知后，坚持"名与器不可以假人"，便在报上登了一则启事，义正词严地表明自己没有欢迎张勋。

听到父亲这样毫不迟疑的拒绝，杨绛慌忙说："不行啊，少数得服从多数呀！"

她的父亲沉吟片刻，认真地说："该服从的就服从，你有理，也可以说，去不去在你。"

接着，他便将自己坚持在报上登启事的事告诉了女儿。虽然他知道有人会说自己不通世故，但他这样对女儿说："你知道林肯说的一句话吗？Dare to say no！你敢吗？"

杨绛苦着脸，有些底气不足地说了"敢"字。

第二天，她回了学校，说明自己不去参加宣传。当同学们问她原因，仍想不出充分理由的她，只坦白地说："我不赞成，所以，我不去。"

在热情高涨的革命氛围下，这样随意的"不赞成便不去"无疑是泼冷水，她成了"岂有此理"的众矢之的，同学们向校长告了状，校长把她狠狠批评了一顿，但这个柔弱的小姑娘，倔强的小脸上只有雷打不动的坚持——不赞成，不去！

她是柔软的，文文静静，不言不语。但她有一个正派倔强的好父亲，他用自己的言语和经历，教会女儿要敢于坦白，敢于说不，敢于成为柔软中的钢铁。

事实上，她的坚持和选择是正确的。当被推选的其他三位女同学热情兴奋地进行街头宣传时，便有自称团长的国民党军官起哄吆喝，还邀请她们明天去游园宣传。其实，这不过是借口，他只是想请她们游园吃饭而已。

那所谓的街头宣传，就这样轻而易举地变了味道，而她“岂有此理”的坚持，也成了很有道理的先见之明。校长得知后，大吃一惊，下令禁止了女学生们这样的宣传。

她是幸运的，拥有温馨的家庭、关怀备至的母亲和以理服人的父亲。父亲从不会强迫她做些什么，连学习也是让她按自己的兴趣来。她喜欢诗词小说，便买来给她；他自己喜欢音韵学，但女儿对此却不感兴趣，他也不勉强她。

孔子云：“大叩则大鸣，小叩则小鸣。”这便是杨荫杭先生的教育理念，让女儿顺着自己的天性学习成长，而他只是因势利导，并没有多加干预。高中时，杨绛还辨不清平仄声，他也不着急，只让她慢慢涵咏体味，并说“不要紧，到时候自然会懂”。而有一天，她也真的——自然懂了。

一九二八年夏，杨绛高中毕业了。她想要报考清华大学，只是刚刚开始招女生的清华大学，这年并不在南方招女生，她只得就近报考了东吴大学。

那个年代，中国虽然历经了辛亥革命和五四运动的文化洗礼，根深蒂固的封建思想却依旧束缚着广大妇女群众，去上大学的女孩是很少的，当然东吴大学的女生，也没有很多。

正因为女生少，文静且不善运动的杨绛，参加了排球队，成了一位很是神气的女排球队员，并在比赛时拿过中气很足的发球分，惹得啦啦队叫声一片。后来，当杨绛看到电视屏幕上的排球比赛，还会眉飞色舞地说："我也得过一分！"

长长短短的岁月，总是禁不住回忆。曾经，她只是跑得跌跌撞撞的季康，如今，却已成了亭亭玉立的女大学生，而她的父亲，也到了知天命的年纪。

故人笑比中庭树，一日秋风一日疏。那天，父亲对她说："你说一个人有退休的时候吗？我现在想通了，想退就退，不必等哪年哪月。"她知道，这话是父亲说给他自己听的，这一刻，她觉得父亲有点老了，有高血压，会头昏，不再如从前那样心力充沛。

她有些心痛。自己长大了，而父母也苍老了，原来，自己的每一分成长，承载的都是父母如水的光阴。她开始思考，怎样让他们省些心力，不再那么操劳。

从小她便是懂事的孩子，体恤父母。她的父母亲，也会为她的这份孝顺心而欣慰不已吧。

在东吴大学的日子并没有多少波澜，秋冬春夏，转眼便是一年，她成了一名大二的学生。这时候，她面临了人生的一次重大选择——分科。

她是文理均衡发展的学生，不像钱钟书那样严重偏科，所以选专业也多了几分踌躇。不知为何，老师似乎都偏爱理科些，他们认为杨绛有条件学理，自然是选理科好些，杨绛不置可否，只回家征询颇具智慧学识的父亲："我该学什么呢？"

父亲回答说："没有什么该不该，最喜欢什么，就学什么。喜欢的就是性之所近，就是自己最相宜的。"

是的，喜欢的，便是最相宜的。只是这句让人豁然开朗的言语解决了惑，却没解决掉问题。杨绛喜欢文学，喜欢读小说，但东吴大学并没有文学专业，只有同为文科却又大相径庭的法律预科、政治可供选择。

她打算选法律预科，这样可以做父亲的帮手，替已显老态的父亲分忧，还可以接触社会形形色色的人物，为写小说积累素材经验。只是她没想到，当她告诉父亲自己的想法时，一向让她选择的父亲却是坚决地反对。

这么多年的法律生涯，他见惯了太多尔虞我诈的陷阱与倾轧，在这个动荡黑暗的复杂社会，想要维护正义的律师，危险系数是极高的，要时刻提防邪恶势力的明枪暗箭。

而他也十分了解自己捧在手心的女儿，不谙世事，简单纯粹，他又如何忍心眼睁睁看她跳入这危机四伏的漩涡？

于是，乖巧懂事的杨绛，选择了政治系。只是对文学情有独钟的她，自是对晦涩的政治没什么兴趣，只是在课堂上用功些，她将课余时间消磨在图书馆，读小说，学英语和法语，她还列了自学的课表。

大学三年级，她的母校振华女中的校长为她申请到了美国威尔斯利女子大学的奖学金，她获得了去美国深造的机会。在那个出国留学很是风光的年代，这可谓十分难得的机会，可她并没有特别兴奋，只是将消息告诉了父母。

父母的态度也很是平和，没有表现出激动或忧虑的情绪。父亲只是如往常般说“如果愿意，可以去”，并表示，如果去的话，他会进行全力资助。

她想起父亲在自己刚上大学时，曾在不经意间说过的话：“只有咱们中国的文明，才有‘清贫’之称。外国人不懂什么‘清贫’，穷人就是下等人，就是坏人。要赚外国人的钱，得受尽他们的欺侮。”

她只是想起，因为她知道父亲的言语间会有些偏见。问题是，她虽然拿到了奖学金，可是还有需要比学费多一倍的钱作为日常的生活费，再加上往返的路费……这些加起来，并不是什么小数目，她放弃了，因为不忍心再给父母平添负担。

其实，对待留学，她也有自己的看法。她见系里的老师都是留学生，便不见得留学生就有什么稀奇，更何况她对政治学并不感冒，与其去国外读不喜欢的专业，还不如去国内一流学府，学自己很是痴迷的文学呢！或许，冥冥中都已注定。时隔四年，她这块柔软中的钢铁，注定要走进那所当年没向她敞开的校门，更何况，那里还有等着与她邂逅的钱钟书。

后来，她考上了清华大学，也与钱钟书相知相恋，她的母亲如是开玩笑地说：“阿季脚上拴着月下老人的红丝呢，所以心心念念只想考清华。”

卷二

Chapter · 02

初见倾心：那年春天繁花盛开

一见清新，一见倾心。有的时候，人和人的缘分，一面就足够了。因为，他就是你前世的人。虽然初识时，他并不算风度翩翩的男子，但因为爱他，在她心里，他便是最翩跹的依恋。感觉到了，爱情便来了。因着对文学的共同爱好与追求，性格的吸引和心灵的默契，两个惺惺相惜的年轻人，暗暗生出怦然的心动——他们一见钟情了。花前月下，卿卿我我，爱情是一场甜蜜的心事，而他们，也在用自己的方式演绎诠释着刹那定格的永远。

邂逅清华园

一见清新，一见倾心。《圣经》上说：“有的时候，人和人的缘分，一面就足够了。因为，他就是你前世的人。”

一九三二年年初，东吴大学因学潮停课，已读了半年四年级的杨绛，为了顺利完成学业，也为了自己的清华大学文学梦，毅然报考了清华大学研究院。命运在召唤，她姗姗来迟，成了清华大学里为数不多的女研究生。

清华大学研究院不仅学习考试都要考英语，还要学习法语。当时，大部分同学都不懂法语，在第一堂听写课上，只有曾在东吴大学自学过的杨绛全都写对了。教他们法语的翻译家梁宗岱大为惊奇，便问她说：“杨季康，你的法语是怎么学的？”

突然听到先生的发问，杨绛内心很是紧张，以为自己有什么地方听写错了，慌忙答道：“我自己学的。”

梁宗岱先生听了，很是满意，大大赞扬了她，并说：“好！我也是自学的。”

从小她便是聪慧的孩子，在清华大学也没有例外，她不仅成了一名清华大学学子，还成了清华大学研究院里不可多得的女高才生。有人说："杨绛肄业清华大学时，才貌冠群芳，男生求为偶者达七十余人，谑者戏称杨为七十二煞。"

她虽然不像别的女大学生那样化妆打扮，但面容白皙清秀，虽然个头不高，但身材窈窕娇俏，性格也温婉大方，这样如出水芙蓉般清婉可人的女子，自是受尽男孩子的爱慕追捧。只是，杨绛却一直芳心未许，只因还没有遇见他，那个让自己怦然心动的男子。

其实，她考入清华大学研究院不久，便知道钱钟书了。那时，他本科生三年级，却早就成了清华大学口耳相传的鼎鼎人物，就算是新入学的学生，也都知道他的赫赫大名。

那些初来乍到的低年级学生，想要一睹这位江南才子的风采，只是奈何才子太过傲气，架子也大，并不敢冒昧拜访他。而这一切的一切，也给钱钟书平添了几分神秘的色彩。

只是命定的恋人终将相遇。那是一个人间三月天，幽香阵阵，风光旖旎，在清华大学古月堂的门口，她遇上了他，只一眼便生出万千情愫。

很多年后，有男同学气呼呼地问杨绛："他们说钱钟书'年少翩翩'，你倒说说他'翩翩不翩翩'？"对这样的问题，她本不想理睬，但这个男同学不依不饶，她便淘气地说："我当然觉得他最翩翩！"

后来，当她再回忆时，又这样写道："我应该厚道些，老实告诉他，我初识钱钟书的时候，他穿一件青布大褂，一双毛布底鞋，戴一副老式大眼镜，一点也不‘翩翩’。”

只是，爱情不是简单的翩不翩翩。虽然初识时，他并不算风度翩翩的男子，但因为爱他，在她心里，他便是最翩跹的依恋。

他瘦小清癯，目光炯炯，闪烁着无限的光彩与生机。她娇小玲珑，温婉聪慧，还不失娇俏可爱的活泼劲儿。当时年少轻薄衫，两人一见如故，侃侃而谈，家乡、文学，抑或不着边际。杨绛听着钱钟书信手拈来的旁征博引，只觉自己的心，在他诙谐幽默的谈吐间柔软一片。

人生若只如初见，这对南国才子佳人，醉在暖暖的春日芳菲中。他急切地向她解释：“外界传说我已经订婚，这不是事实，请你不要相信。”而她也慌忙澄清：“坊间传闻追求我的男孩子有孔门弟子‘七十二人’之多，也有人说费孝通是我的男朋友，这也不是事实。”

感觉到了，爱情便来了。因着对文学的共同爱好与追求，性格的吸引和心灵的默契，两个惺惺相惜的年轻人，暗暗生出怦然的心动——他们一见钟情了。

有个倔强的女子曾深情缠绵地唱过：“在最好的年纪遇到你，才算没有辜负自己，终于等到你。”在最美的岁月流年里，遇见那个对的人，该是怎样的幸福。

我笑若桃花，只为初见。花前月下，卿卿我我，爱情是一场甜蜜的心事，而他们，也在用自己的方式演绎诠释着刹那定格的永远。

心语微澜，轻漾缱绻，文学在两人之间架起爱的桥梁，他们在学业上相互帮助，在心灵上相互沟通。他们相识相知，一起徜徉书海，只是举手投足的一个微笑，便会满心的宁静。

有人说，是季康的爱，激发了默存倾泻而出的创作热情，也有人说，正是因为这相知相恋，他的思维才格外敏锐清爽。这样的说法，是不是真的，并没有外人知道。只是，他们同在清华大学的那段日子，从钱钟书手中流淌出的锐利文字，数不胜数。

虽然他所做的多是理论性的文章，却并不艰深枯燥，或许他真的从那个俏丽女子身上，学到了几分灵动的细腻。

他总是一副拉家常的模样，用日常生活中随处可见的比喻，诠释那些深奥的文学哲学理论，从来不会板起脸孔，满嘴看似高深的晦涩词汇，故作传道授业的权威嘴脸。

“神秘主义需要多年的性灵滋养和潜修。不能东涂西抹，浪抛心力了，要改变拜伦式的怨天尤人的态度，要和宇宙及人生言归于好，要向东方和西方的包含着苍老的智慧的圣书里，银色的和墨色的，惝恍着Rabbi的精灵的魔术里，找取通行入宇宙的深秘处的护照，直到——直到从最微末的花瓣里窥见了天国，最纤小的沙粒里看出了世界，一刹那中悟彻了永生。”

这是钱钟书在评论诗人曹葆华的《落日颂》时，对他诗作里的神秘主义色彩的本质揭秘。“一粒沙里一世界，一朵花里一天国。无限在你掌心收留，永恒在须臾把握。”他将爱幻想的英国诗人布莱克的这两句诗融入了后两句，将“神秘主义”诠释得更加形象贴切。

她是他的陪伴，而才思敏捷的他，也是她一辈子的骄傲。他的才子气质和名士风度，给他们的爱恋注入了独特的浪漫和风采。文采斐然的他为她写诗，为她送上一篇篇撩动心弦的情书。

他曾不无玩笑地说："用理学家语作情诗，自来无第二人。"原来，他竟然在一首情诗里融入了宋明理学家的语录，真真俏皮古怪啊！

一九三三年夏，钱钟书要从清华大学外文系毕业了，他去了上海光华大学任教，只留杨绛一人在盈满回忆的校园继续学业。原来好时光走得这样快，他们与离别赤裸相对，不是没有感伤，只是他们相信，还有长久的聚首等着他们。

两情若是长久时，又岂在朝朝暮暮。邂逅一段深情，默契十足，甜蜜无限，他们又怎么会被这暂时分离的感伤冲淡。

只要把爱放在心间，便是阳光普照的六月晴天。

其实，校方有意让他留校教书，或继续攻读硕士学位，在临近毕业的时候，陈福田、吴宓等教授都去劝他留下来，只是他一概谢绝了。

为此，陈福田教授很是生气地说："在清华大学，我们都希望进研究所继续研究英国文学，为我们新成立的西洋文学研究所增加几分光彩，可是他一口拒绝了，他对人家说：'整个清华大学没有一个教授有资格充当钱某人的导师。'这话未免有点过分了。"

他确是傲气的，有些自负盛名，只是不少人仍然对这句话的真实性表示怀疑。长于书香门第，他的举手投足间皆是儒雅的气质，并不至于说出太过猖狂的话语。

还是吴宓教授对他宽容厚道，他如是说："学问和学位的修取是两回事，以钱钟书的才华，他根本不需要硕士学位。当然，他还年轻，瞧不起清华大学的现有西洋文学教授也未尝不可。"

其实，他没有选择留在清华大学还有别的考量。从"九·一八"事变起，日本占领了东三省，对华北地区也是虎视眈眈。忧心国家安危的广大学士，已无心安坐学习，屡屡请愿游行，清华大学混乱一片，几乎不能维持正常的教学秩序。

他不想在这样的氛围里进行文学研究，另外，他的知识体系，说起来大多源于自学，他已经具备一定的治学能力，研究生的课程读不读并没有太大的意义。而这时，在上海光华大学做中文系主任的父亲，召他南下光华大学任教，所以，他踏上了赴沪的旅程。

他走了，带着对杨绛的牵挂与惦念。爱如清风拂过，分离是淡淡的忧伤……

无人不醉的美酒

一曲离别胭脂泪，残雪断桥人未归。青春是自由奔放的生命之泉，爱情是点燃激情的明媚阳光，只是当一切邂逅离别，这青春，这爱情，或明亮，或丰盈，也缀满淡淡的忧伤。

多情自古伤离别，那个悲情的南唐后主曾如是吟叹。是啊，离别总是伤感的，风乍起，满眼惆怅……

一九三三年初秋，自清华大学毕了业的钱钟书，挥别了度过四年时光的清华大学挥别相知相爱的姑娘，奔赴下一段精彩入生。只是乍离别，他便坠入思念的浪潮。

不知是谁说过，最美的故事莫过于初恋，最美的画面莫过于初见，而最美的文字莫过于情书。他与她，是最美的初恋，有着最美的初见，而这所谓的初离别，也更多添了几分想念。那么，就让这满满的想念化作细水长流的文字，隽永成最美的情书吧。

鸿雁纷飞，字语传情，他们在书信往来间谈情说爱。情书，是他们最私密的爱之倾诉，只是有时候，在喜欢打探隐私的家长面前，便没办法那么私密了。

有一次，杨绛写给钱钟书的一封书信被庄重严肃的钱父看到了，这个封建家庭的老先生，没打招呼便私自拆阅了。他们的爱情，就这样被家里人知道了，恋爱，不再是只属于他们两个人的事。

只是看过信后，这个颇显古板的老先生，并没有因为儿子在大学的自由恋爱而大发雷霆，而是对杨绛大加赞扬。原来，在那封信笺里，杨绛如是说："现在吾两人快乐无用，须两家父母兄弟皆大欢喜，吾两人之快乐乃彻始彻终不受障碍。"

看到这样懂事的言语，老先生欢喜不已，直赞"真是聪明人语"。她是聪颖贤惠的女子，大方懂事，还能体恤对方父母，自然颇得钱基博老先生的喜欢。

高兴之际，老先生没有征求儿子钱钟书的意见，便直接提笔给这个素未谋面的女子去了信，大大夸赞了她一番，还郑重其事地将儿子托付给她。他在心里已经认定，这个叫杨绛的女子是他未过门的儿媳。

杨绛也将钱钟书郑重地介绍给了自己的父亲杨荫杭。杨荫杭先生对这个不拘小节的清华大学才子早有耳闻，也颇为赏识，自然也是欢喜不已。才子佳人，两人如此般配，他们的亲事，来得水到渠成。

旧式婚姻，讲究个门当户对。钱家与杨家，都是无锡有名的书香门第，钱基博和杨荫杭，皆是颇具名气的江南才子，这一新一旧两位大家，自然愿意玉成一段好姻缘。

杨绛说："五六十年代的青年，或许不知'订婚'为何事。他们'谈恋爱'或'搞对象'到双方同心同意，就是'肯定了'。我们那时候，结婚之前还多一道‘订婚’礼。”

父母之命，媒妁之言。钱钟书与杨绛，虽然是自由恋爱，但还是颠颠倒倒地遵循了旧时之礼，“订婚”礼便水到渠成地来了。

在杨绛眼里，他们的订婚是滑稽的。明明早就相识相爱的两个人，明明双方家长都已肯定认可，偏偏还要钱父带钱钟书上门正式求亲，并且还要请出两家都熟识的亲友做媒人，然后便是订婚宴。

当时，由于她的父亲杨荫杭正病着，便主张诸事从简，但其实还是颇为隆重。他们在苏州的一家饭馆摆了酒席，宴请两家的至亲好友，并且男女分席而坐。对此，杨绛如是回忆说：“我茫然全不记得‘婚’是怎么‘订’的，只知道从此我是默存的‘未婚妻’了。”

无论新旧，是否滑稽，他们订了婚，许下承诺。从此，她便是他名副其实的未婚妻。

只是这对刚刚订婚的一双人，还没有说多少体己的温存情话，便又要各奔东西。杨绛开学在即，只得北上赴京，钱钟书把她送到车站，帮她把行李结票。他站在月台，她转身上车，轰隆隆的汽笛声响起，两人无语凝噎，怅然间，千言万语只化作一句“珍重”，哽在喉头！

在这个凉风萧瑟的秋天，钱钟书也回了光华大学任教。作为上海规模较大的私立学校，光华大学聘请到钱钟书这样的清华大学高才生，自是荣幸万分。钱钟书被破格升为外文系讲师，讲授西洋文学和文学批评两科。

他与父亲钱基博，一个在外文系，一个在中文系，撑起了两片不同的天空。钱钟书虽然刚刚大学毕业，但因着渊博的学识和妙语连珠的口才，他的课程吸引了大批慕名而来的学生，丝毫不在乃翁之下。

每堂课，他都倾心相待，认真备课。每每课上，他侃侃而谈，旁征博引，一个个学生在不知不觉间便被他带入奇妙的西方文学世界。另外，他喜欢独特多变的上课方式，有次还将考试的作文题目定为“What is love？”

什么是爱？

有人说，爱是给予，是自我付出，并丝毫也不期待等值的交换。

而对于文学，钱钟书曾这样说过：“不在其体裁为抒作者之情，而在其效用能感动读者之情。”某些程度来说，钱钟书这句文学之论，便是爱之断言。

不在为抒作者之情，而在感动读者之情。爱与感动，是文学无法剥离开的主题，因为文学是感性的，不只是些研究与论断。什么是爱？爱在感动所爱之人的一片情。

他思念着那个在清华大学孤独求学的女孩，他知道，这个女孩也在思念着他。初恋的人儿，总是有着依依不舍的离愁，以及缠绵悱恻的思念。

一九三三年十二月一日，《国风》半月刊刊登了钱钟书为杨绛所写的《壬申年秋杪杂诗》，字里行间都是他对那个所爱女子浓浓的思念：

缠绵悱恻好文章，粉恋香凄足断肠；
答报情痴无别物，辛酸一把泪千行。
依穰小妹剧关心，髫辮多情一往深；

别后经时无只字，居然惜墨抵兼金。
良宵苦被睡相谩，猎猎风声测测寒；
如此星辰如此月，与谁指点与谁看。
困人节气奈何天，泥煞衾函梦不圆；
苦雨泼寒宵似水，百虫声里怯孤眠。
海客谈瀛路渺漫，罡风弱水到应难；
巫山已似神山远，青鸟殷勤枉探看。

他言：“远道栖迟，深秋寥落，然据梧，悲哉为气；抚序增喟，即事漫与，略不诠次，随得随书，聊至言叹不足之意。欧阳子曰：‘此秋声也！’”更深露重的寥落深秋，回忆总是不听话地跑出来，吐出思念的茧，将心细细缠绕包裹。原来，他是如此地挂念她。

思念是一种很玄的东西，如影随形。在这样寒冷寂寥的秋夜里，他终究是抑制不住思念的潮水，思绪万千……

他是才子，经过爱情的洗礼，他更成了多情的才子。情到深处，文思飞扬，他的一首首情诗，将华美的文采与真挚的情感完美糅合，成就了浓厚感人的几句诗，一段情。

张爱玲曾在一篇文章里写道：“于千万人之中，遇见那个想要遇见的人，于千万年之中，时间的无涯的荒野里，没有早一步，也没有晚一步，刚巧赶上了，她便成了他心里割舍不下的情意。”

无人不醉的美酒，无人不醉的爱情。

情不醉人人自醉。分别不是停止，是蔓延，如藤蔓布满全身每个细胞，渗透血液。那么，就让这无处安放的思念，伴他入眠。其实也没有什么不好，爱情，原就是杯香醇的烈酒，浅尝则醉。那么，就这样，醉倒在爱的时光里吧。

又是相思，如水般滑过琴键，不经意就泻了一地。就在那被静谧包裹的深蓝夜色里，轻酌小吟，任层层叠叠的回忆泛滥，任真真切切的思念，逆流成爱的海洋。

爱人与知音

爱过才知情重，醉过才知酒浓。有人说，如果没有刻骨铭心地爱过一个人，便写不出打动人心的爱情故事。

他们是爱人，也是知音。他的首首情诗，都因着对她浓浓的爱意，而她经过漂洗的本色小说，多多少少也因着他给的爱情滋味。

创作源于生活，又高过生活。杨绛曾这样说：“我不是专业作家，文集里的全部作品都是随遇而作。我只是一个业余作者。早年的几篇散文和小说，是我在清华大学上学时课堂上的作业，或在牛津大学进修时的读书偶得。”

她虽然没有钱钟书那样纵横不羁的才气，也没有钱钟书那样学富五车的书卷气息，但她是独特的，玲珑纤巧。如果说，钱钟书是汪洋恣肆的激流喷涌，那她便是绿潭照得见人影的晶莹澄澈。

她是属于生活的，贴近生活本身。

一九三四年，她选修了著名作家朱自清的散文习作课，为了结业课卷，她创作了短篇小说《璐璐，不用愁！》，很受朱自清先生的欣赏。

这是她的处女作，发表在《大公报·文艺副刊》上，后来还被林徽因女士选入《大公报丛刊小说选》。

这是杨绛文学生涯的第一步，从此后，她走上了文学创作的道路。

《璐璐，不用愁！》源自生活，取材于当时女大学生司空见惯的情事，语言简洁沉定，平淡朴素，却蕴含着本色的绚烂美感。这便是杨绛的文学特点，简简单单，却蕴含着让人唏嘘不已的力量。

璐璐是初涉人生的女大学生，对爱情、生活乃至人生都有着美好的憧憬。只是在这天真烂漫的花季里，总有些世俗的选择，她在理想与现实间徘徊摇摆，在两个属于爱情的男孩子间纠结矛盾。

两个男孩子，一个叫小王，家境好，脾气好，还体贴能干，只是有些个子矮，有些“娘带儿子”似的可怜相；另一个叫汤宓，家里穷，脾气大，但有性格，很是可爱。

璐璐是喜欢汤宓的，因为喜欢，汤宓的粗暴脾气，也平添了可爱。只是她的喜欢是又怕又爱的，杨绛如是写道：“璐璐最爱他的眼睛，会说话；也最怕他的眼睛，能放出冷刺来直刺到她的心上。”

璐璐有着属于少女的矜持，她婉拒着两个男孩子，却又世俗着放不下，真真“愁死了”她。只是总要选择的，选了小王，便选了舒适安逸，选了汤宓，便选了罗曼蒂克的浪漫色彩。

经过琐琐碎碎的小曲折，璐璐左右思量，觉得自己还是喜欢汤宓多一些，只是仍然有些举棋不定。她寻了个借口，回了南方家中美其名曰征求父母意见。

璐璐的父亲是做官的，多多少少也算官宦之家，所以母亲更中意小王些，还说璐璐是官太太的命。而父亲只开明地说，她只要看清楚喜欢谁，他并不反对。

只是，璐璐已经迷了眼，如何看得清楚？在母亲的劝说下，她又觉得小王好，便答应父母疏远汤宓。璐璐赶回学校后，汤宓满心欢喜地去车站接她，却得到她冷淡的拒绝。他勉强答一句“祝你幸福”，便转身离开。只是看着汤宓落寞的背影，她又满心舍不得。

她回了自己房间，看到桌上小王的一封书信，便打了开来，不料却是小王与表妹的订婚请柬。两个人就这样离她而去，刹那间，她跌入苍茫虚无的荒野间，落了伤心的泪。

只是，杨绛对这样的女子终究不愿太多苛责，她给了璐璐一个不算太坏的结局——璐璐又看到另一封信，她的免费留美学额申请成功了，她又笑了，轻轻地舒了口气。

杨绛有着少女般敏感细心的天性，却并不是尖酸刻薄之人。她用微讽诙谐的笔调，将璐璐的内心世界细致刻画，却又宽厚地原谅了璐璐的可笑与可悲。她虽然嘲讽着这样摇摆矛盾的璐璐，她的仁慈和善良，终究是为璐璐留下了些许余地。

有人说，璐璐多多少少有着杨绛本人的影子。或许吧，杨绛在认识钱钟书前，一个叫作费孝通的男子曾积极追求过她，只是认识钱钟书后，她便坚决对费孝通表态，只能做普通朋友。

艺术反映现实，却终究不是现实。杨绛曾说，小说作者只是“按照他所认识的世事常态，写出了他意识中的人生真相”。

现实中，虽然钱钟书并不“翩翩”，但她还是一眼便认定了这样的男子，她只是用些许讽刺的口吻，写出对璐璐某些人生态度的不认同，以昭显自己意识中的人生真相——爱一人，许他一生。

这样的文字，钱钟书是懂得的，这样的人生真相，他也可以读出。他们的爱情，结缘于文学，他们是爱人，也是知音，他又如何读不懂她字里行间的哲理?

天长地久，细水长流，这是杨绛想要的圆满爱情。他们订婚了，她便是他未过门的妻，只是热恋还未退潮，他们就分隔两地，只有回忆与书信的只言片语传递思念与情意。还好，上苍对他们也算仁慈，相见的机会就这样来临了。

“乞取东风晴十日，今年破例作春游。”一九三四年初春，钱钟书由上海出发，一路游山玩水，前往京师看望爱人，以及清华大学的一干师友。沿途美景流连，他诗兴大发，共作二十二首，总题《北游纪事诗》。其诗中有云：“泰山如砺河如带，凭轼临观又一回。”

路过山东，看到这样美丽的山水花柳，他不禁心情舒畅。日暖风迟的春季，泰山如砺河如带，他登上了泰山岱庙，凭轼临观，登高望远。“寝庙荒凉法器倾，千章黛色发春荣”，此情此景，他不禁怀古思今，畅诉幽情：

分飞劳燕原同命，异处参商亦共天。
自是欢娱常苦短，游仙七日已千年。

一路北上，且行且歌，他终于到了京师，到了母校清华大学。清华大学，承载着太多昔日点滴，阔别重逢时总免不了心绪飞扬。那些旧日的师长校友，还有念念不忘的爱人，其实他的心早就飞到他们身边，诉说这么多年的情谊。

上次一别，已是半年时光，他迫不及待地去见了杨绛。“颜色依稀寤寐通，久伤沟水各西东”，他有太多太多的话想说，太多太多的衷肠想叙，只是千言万语梗在心头，一向口若悬河的他，竟不知从何说起。

有地卓锥谢故人，行尘乍浣梁京尘。

如何欲话经时别，缺舌南蛮意未伸。

或许，什么都不用说。一切尽在不言中，相爱的两个人，有时候，需要的只是一个默契的眼神。

他去拜访了昔日的恩师叶公超教授。他是教授的得意弟子，在学生时代便是叶先生家的常客。

只是桀骜不驯的他，在当时的清华大学，谣传太多，什么“整个清华没有一个教授有资格充当钱某人的导师”的狂语，什么钱钟书不认叶公超为老师的鬼话，让叶先生对他有些不满，钱钟书只得作诗明志：

毁出求全辨不宜，原心略迹赖相知。

向来一瓣香犹在，肯转多师谢本师？

在他心间，一日为师，终身为师。他说，四年校园岁月，全仰仗叶老师的信任相知，原心略迹，他怎么会如章太炎、周作人般，谢本师转多师呢？

他的诗，写得真挚，叶先生不再介怀，两人又如往昔般相谈甚欢。他们说起京海两派之争，钱钟书清华大学毕业，离了京城，去了海派的阵地，叶先生便让他评价两派优劣，并说说自己的看法。钟书正色曰："亦居魏阙亦江湖，兔窟营三莫守株。且执两端开别派，断章取义一葫芦。"

先生听了，颇为赞许。是啊，京海两派，各有所长，又各有所短，不能守一株待一兔，也不能断章取义偏袒一派，取长弃短才是王道也。

他也去拜访了吴宓教授，这个和蔼的老先生，对钱钟书很是宽厚。虽然他对钱钟书看不起清华大学教授的以讹传讹也有耳闻，却并没有苛责，还为他说了些理解的话，钱钟书与他的关系也更亲密几分。他为这样的教授作诗云：

褚先生莫误司迁，大作家原在那边。
文苑儒林公分有，淋漓难得笔如椽。

这也是一首辟谣诗。原来，《中国评论周报》上曾发表过一篇匿名的英文文章《学者与绅士吴宓》，文中半开玩笑地将吴宓先生的脑袋比作炸弹，眼睛成了两只火红的煤球。他们不知道是谁写的，只是一些师生都猜测是钱钟书所为，钱钟书只得也诙谐一把：“大作家原在那边！”

看罢先生们，便是同学间的相邀相聚。觥筹交错，欢歌畅谈，许久未见，这是属于他们的乐趣。连平生“最厌伤多酒入唇”的钱钟书也会小酌几杯，在谈笑间看他人醉得酩酊……

只是欢聚的日子总是走得太快，转眼间，十几日的京华之行便走到末尾。行了这么久，看了这么多友人，最让他放不下的还是杨绛。欢愉太短，对相爱之人而言，相聚的时间怎么着都是少的，她陪他重游北京的名胜古迹，把分分秒秒都过得充盈。

欲息人天籁，都沉车马音。

风铃呶忽语，午塔闲无阴。

久坐槛生暖，忘言意转深。

明朝即长路，惜取此时心。

这是钱钟书在他们同游玉泉山时所作的诗。这里的泉水澄洁似玉，这里的山麓沉寂幽深。两个同行之人，久坐门槛上，相顾已忘言。明天即别离，那就这样坐着吧，珍惜眼前时光，听清冷泉水轻叩，看细水长流。

却恋江南归去也，风光如此付何人？第二天，钱钟书离开了，与杨绛依依作别。只要珍取此时心，便能在回忆里微笑相待，不要悲伤，未来的漫长岁月，他们还要牵手同行。

他们是爱人，亦是知音。一个眼神，一个举手投足的动作，一方便能读懂对方心意。

许你一生

钱钟书回了上海，重返光华大学的讲台。他二十几岁，在光华大学还是十分年轻的老师，但他却是光华大学最具影响力的老师，是最受学生欢迎的老师，有着自己独到的人格魅力。

只是渊博如他，自然不会把人生局限在教书之上。

他兼任了《中国评论周报》的特约编辑和撰稿人，发表了不少书评和学术论文。另外，他依旧在写旧体诗词，并于一九三四年秋自费出版了自己的诗集《中书君诗》。

得知消息的吴宓先生大为高兴，特意题《赋赠钱君钟书即题〈中书君诗〉初刊》一诗表示祝贺：

才情学识谁兼具，新旧中西子竟通。
大器能成由早慧，人谋有补赖天工。
源深顾赵传家业，气胜苏黄振国风。
悲剧终场吾事了，交期两世许心同。

先生给予了钟书高度的评价，赞他早慧聪颖，才情学识兼备，新旧中西皆通。在吴宓先生笔下，他大器能成，家学渊博可比顾炎武、赵翼，笔力才气更胜苏轼、黄庭坚……

这是他的第一本诗集，才气肆意，风华绮丽。虽然阅历尚浅，感情也没有十分饱满，虽然还未脱掉为赋新词强说愁的才子习气，但偏偏总能翻新出奇，或议论出新，或造就一枝独秀的才思妙笔。

只是他出诗集，不是为了卖钱，也不是为了扬名立万。《中书君诗》并非正式出版，印数很少，且被列为非卖品，外界人士很难见其全貌。他只是想要供自己和友人分赠赏玩而已。

诗集一出，他便寄呈给石遗老人陈衍先生。这位亦师亦友的老者，对他的诗作很是欣赏，还圈点出绝妙佳句收入了《石遗室诗话续编》。

走过无忧无虑的学生时代，他是捏着袖珍版《牛津词典》侃侃而谈的外文系讲师，带着些许腼腆的书生气息。只是他不再是纯粹的书生，初识社会滋味，二十世纪四十年代那个忧国伤世的钱钟书，已经初露端倪。

生于乱世，国家衰乱，时局维艰。看着外国的军队在中国的地盘安营扎寨，号角连天，作为一个有良知的血性男儿，钱钟书的感受是复杂的。偶一倾耳，辄唤奈何，他叹息一声，作诗云：

造哀一角出荒墟，幽咽穿云作卷舒。
潜气经时闻隐隐，飘风底处散徐徐。
乍惊梦断胶难续，渐引愁来剪莫除。

充耳筝琶容洗听，鸡声不恶较何如。

楼寓旷野，听着外国兵营从早到晚的吹角呜呜，他心潮起伏，久久平静不得，正如他所说："仿佛李陵听笳，桓伊闻笛，南屏之钟声，西陆之蝉唱。"此时此地，此情此景，他连用四个典故，胜过多少苍白的语言表达。

何以解忧？一代枭雄曹操自顾自说："唯有杜康。"只是钱钟书不是喜酒之人，他选择如陶渊明般，以超脱强自遣愁。并且，当同学常风悲观低落，想要用自杀结束生命时，他还能回信劝慰说：

惯迟作答忽书来，怀抱奇愁郁莫开。
赴死不甘心尚热，偷生无所念还灰。
升沉未定休尤命，忧乐遍经足养才。
埋骨难求干净土，且容蛰伏待风雷。

常风曾经说过："有希望死不得，而无希望又活不得。"钱钟书同情着，也劝解着，旅途漫漫路修远，留得青山在，便不怕没柴烧。人生在世，喜忧参半，钱钟书引用胡适的话说，"且复忍须臾"，且容蛰伏，总能等到那柳暗花明时。

一九三五年初春，钱钟书去了南京，看了属于这座城的繁华。"除却桃夭红数树，一园春色有无中。"作为南方的一座城池，它是秀丽清新的，少了北京城的气魄，却有独特的韵致。

就是这年春天，他参加了教育部组织的第三届庚子赔款公费留学资格考试。这次公开考试的名额很是有限，他报了名，自信以他的英文水平并不用多费力气。

考试那天，钱钟书布衣布袍，在一众西装革履间本色不改，成绩更是以绝对优势位居榜首。

钱钟书将考取留学资格的消息告诉了杨绛，并表达想要她一同前往的意向。他是悟性极高的才子学者，学富五车、敏锐锋利，只是在烦琐的生活小事方面，他却带着茫然的"痴气"，衣服常常前后颠倒，中学时穿鞋还不分左右，闹了不少笑话。

杨绛接到钱钟书的信笺，很是替他高兴，只是如果放这样一个马大哈独自游学他乡，她又很是放心不下。她叹息一声，为何清华大学单单外文系没有出国留学的机会？爱情至上，即将毕业的杨绛当即决定，不等毕业便提前结婚，伴他走留学之路。

那时，她还剩一门课需要大考，便和老师商量用论文代替，这样她就能提前一个月回家了。只是时间依旧仓促，她没来得及和父母联系，便拎着行李箱踏上了南归的旅程。

只是父女间也有心电感应，她的父亲仿佛知道她的归来。到了家，她撇下行李便往父母房里冲，只见刚刚午睡完的父亲正等着她，还边掀帘子下床边笑着说："可不是回来了！"

望着站在自己跟前的女儿，杨荫杭先生感慨道："曾母啮指，曾子心痛，我现在信了。阿季，这就是第六感，有科学依据的。"

杨绛将自己提前毕业的事以及想要结婚并伴钟书出国留学的打算告

诉了父母。这对开明的父母很是赞成，开始给她准备嫁妆，张罗起她与钱钟书的婚事。

一九三五年夏，两家按照旧时规矩选了“黄道吉日”，不日成婚。日子很快就到了，无锡城七尺场的钱家新居所，处处张灯结彩，披红挂绿，这是属于他们两人的婚礼，虽然匆忙，却依然隆重非凡。

门当户对，珠联璧合。他们都是无锡有名望的书香门第，钱钟书又是钱家长房长孙，自是一片锣鼓喧天、亲朋满座的热闹场面。连街坊邻居都聚在门口交头接耳，脸上带着羡慕的笑意。

这天，前来贺喜的亲友，挤满了大厅。无锡国专的陈衍老先生、唐文治，两人的同学陈梦家等，连杨绛的三姑母也从苏州赶来了，这个素来不喜打扮的姑母，为了侄女的婚事特意打扮了一番，穿上簇新的白夏布裙子和白皮鞋，侉气十足，也因着这身白服让宾客大吃一惊。

在全场亲朋嘉宾的祝福下，这对自由恋爱的新人挽着手缓缓入场。新郎身着黑色礼服，新娘身披曳地婚纱，他们是俊男美女，郎才女貌打扮得很是漂亮。这是属于他们的婚礼，一辈子只此一次。

只是不巧，属于他们的“黄道吉日”却是夏季中最热的一天。后来杨绛在《记钱钟书与〈围城〉》一文中不无幽默地说：“结婚穿黑色礼服、白硬领圈给汗水浸得又黄又软的那位新郎，不是别人，正是钱钟书自己。因为我们结婚的黄道吉日是一年里最热的日子。我们结婚照上，新人、伴娘、提花篮的女孩子、提纱的男孩子，一个个都像刚被警察拿获的扒手。”

老天跟他们开了个小小的玩笑，给了他们一个不一样的婚礼记忆。

执子之手，与子偕老，在亲友的见证下，他们在汗流浃背的特殊日子里，他们说着死生契阔的誓言，许下彼此一生。从此后，他们是用红线绑定今生的一对。

他是夫，她是妻，他们成了名副其实的一双夫妻。

天赐一对佳丽，或许上苍只是用温度表达自己对他们结合的热烈祝福。钱基博老先生很是高兴，对这个贤惠聪颖的儿媳妇更是十二分的满意，因为杨绛属猪，他便特地将自己珍藏的古董同猪符送给了她，祝愿小两口在以后的岁月里，和和美美，如意吉祥。

于千万人之中，于千万年之间，一抬眼，便认准彼此的如花笑靥。只是这一刻，他终于娶了她，她也嫁了她，一生一世一双人，只余一句诺言——愿倾尽天下，许你一生！

有一种情绪，叫痛并快乐着，在这大喜的日子里，他们闹得很累，却舒心着。那天夜里，月明星稀，通彻九天，只是不知，在那疏星点点的静夜里，在那红烛摇曳的灯影下，这对刚刚步入婚姻殿堂的新人，如何把爱情吟唱？

卷三

Chapter・03

携手相伴：温暖在路上

钱钟书赠予过杨绛一句话说："绝无仅有地结合了各不相容的三者：妻子、情人、朋友。"在他的眼中，杨绛是温柔贤惠的妻，是妖娆可爱的情人，也是无话不谈的朋友。离开熟悉的家国亲友，他们相伴来到另一个世界，一个美丽却陌生的世界，而她是他唯一的陪伴。

夫唱妇随，妇唱夫随。他们一起来到了英国，一起在泰晤士河畔读书学习。生活生活，生生活活，虽然免不了琐碎的小事，虽然并不总是称心如意，但有了彼此，他们便能拥抱幸福。

一起去英国

一九三五年炎夏，他们完婚，牵手走进围城。琴瑟和弦，鸾凤和鸣，他们是二十世纪天造地设的绝配。胡河清曾如是赞叹说："钱钟书、杨绛伉俪，可说是当代文学中的一双名剑。钱钟书如英气流动之雄剑，常常出匣自鸣，语惊天下；杨绛则如青光含藏之雌剑，大智若愚，不显刀刃。"

赌书消得泼茶香，他们组成了一个简单幸福的学者之家，过起了温馨的围城生活。七月，新婚燕尔的夫妻，挥别了父母家邦，踏上了出国留学路。他们携手相伴，一起去英国，去牛津大学艾克赛特学院求学深造。

在清华大学的课堂上，叶公超教授曾对钱钟书半开玩笑地说："你不应该进清华大学，你应该去牛津大学。"如今，先生的一句话终于应验了，他考取了英国庚子公费留学资格，踏上了牛津大学的征程。

作为英语国家最古老的大学，牛津大学在英国政治、历史、文学方面都占有独特的地位，培养出大批的哲学家、政治家、科学家和文学家。吴宓先生游学欧洲时，曾作诗云：

牛津极静美，尘世一乐园；
山辉水明秀，天青云霞轩。
方里集群校，嶙峋玉笋繁；
悠悠植尖塔，赫赫并堞垣。
桥屋成环洞，深院掩重门；
石壁千年古，剥落黑且深。
真有辟雍日，如见泮池存；
半载匆匆往，终身系梦魂。

他们从无锡出发，乘火车去上海搭船。此去经年，远行万里，他们带着深深的眷恋不舍，告别了无锡的街景亲友。离别时，难免多愁善感，当火车在苏州的月台停靠，杨绛忽然泪流满面。还未离开，她已开始想念，她恨不得冲下火车，再多看一眼父母慈爱的笑颜。

到了上海，他们在一干亲朋好友的簇拥下，去码头登船。他们相拥，一一道别，依依不舍地登上船舷。轮船起锚了，他们站在甲板上，看着岸上人们挥舞着的双手，听着周遭交错着的相同喊声，恍惚间，只感离恨幽幽，不禁湿了眼眶。

船起航了，驶向海天一线的江面，岸渐渐远了，蒙了雾，却深了离愁，增了思念。后来，杨绛在散文中如是写道："一九三五年七月，钟书不足二十五岁，我二十四岁略欠几天，我们结了婚同到英国牛津求学。我们离家远出，不复在父母庇荫之下，都有点战战兢兢；但有两人做伴，可相依为命。”

吹着海风，看日升日落，斗转星移。航行的旅途是枯燥乏味的，时间也被无限拉长，当轮船靠岸时，已是夏末秋伊始。下了船，看着来来往往的金发碧眼，听着机关枪似的英语对白，心中多了几分兴奋，也多了几分忐忑。

不过还好，在这偌大的伦敦城，他们还有熟人——钱钟韩。当时，钱钟书的这个堂弟已经在伦敦大学理工学院读了两年的研究生，另外，他的弟弟钟英也恰在英国，许久不见的兄弟三人，就这样在异国他乡聚首了。

见我自乡至，欣如汝返乡。
看频疑梦寐，语杂问家常。
既及尊亲辈，不遗婢仆行。
青春堪结伴，归计未须忙。

这是钱钟书记述三人相聚情景所作的诗。初来异国，听到熟悉的乡音，夫妻二人都多了几分慰藉。曾经，三兄弟青春相伴，如今，竟在伦敦街头阔别重逢，他们谈天说地，聊聊家常，别是一番滋味。

后来，钱钟韩也常常在节假日去牛津看望他们，与他们一起看书学习，一起去牛津公园散步，一起去大英博物馆、蜡像馆参观……他用相机，拍下了他们夫妻在牛津的合影。

他们两个人，在伦敦并没有停留多久，小住观光后便去了泰晤士上游河畔的牛津城。那时牛津大学还未开学，钱钟书已经由官方安排妥当，在艾克赛特学院攻读文学学士学位，而杨绛，也开始接洽入学事宜。

漫步牛津街头，看着为人熟知的叹息桥、鹿园，看着风味十足的建筑格调，看着这片历史与现代文明交融的圣地，他们不禁心潮澎湃。这里是举世闻名的大学城，是底蕴丰厚的文化城，这里古朴庄重，城学交融，素来有着“英伦雅典”之称。

这里有历史悠久的图书馆——牛津博德利图书馆。博德利图书馆堪称世界一流，各地主题图书馆连成一片，与博德利馆及地下书库交相辉映。这里有着极其丰富的馆藏图书，从莎士比亚时期开始，英国书业公司便承担了向其捐赠新书的义务。

这可谓正对了钱钟书的胃口，他可以尽情开怀地饱览群书。在牛津的几年里，他把大把的时间泡在这里大快朵颐，还曾经将“博德利”戏译成“饱蠹楼”。

初到牛津时，钱钟书便脸朝下摔了一大跤，磕掉了大半颗门牙。那天，他是一个人出门的，回来时，他用手帕捂着嘴，满口鲜血。杨绛看了非常着急，赶紧陪他去找了牙医，将断牙拔掉，又镶了假牙。

杨绛说：“钟书常自叹‘拙手笨脚’。我只知道他不会打蝴蝶结，分不清左脚右脚，拿筷子只会像小孩儿那样一把抓。我并不知道其他方面他是怎样的笨，怎样的拙。”只是人生的快乐是自己找寻的，后来，她还戏称钱钟书刚到牛津，就吻了牛津的地，这是多大的虔诚啊！

还好，一切有惊无险，他只是丢了一颗牙而已。

十月，钱钟书入了学，领了硬的方顶帽子和一件带着两条黑布飘带的黑布背心。牛津学府，治学严谨，不免有些严肃古板的课程，像“版本与校勘”一类的古文字学课更是相当的枯燥，钱钟书对此不感兴趣，不愿听这样的课，也不愿参考相关的教科书。

好在他英语底子不错，知识也比其他留学生扎实牢靠，他的课程都以比较优异的成绩轻松过关，只是那门英国古文字学课除外。原来在考试时，这门课要辨认许多潦草模糊的手稿，他没有料到，也没有准备，自然而然没有及格。后来，他硬着头皮恶补了一下，才在补考中过了关，这是他在牛津大学唯一一次刻苦用功。

如在清华大学时，他一心扑在了读书上，而且只凭兴趣读书。这次，他接触了大量的西方诗歌、小说——用支离破碎的语言打破规范的《荒原》、法国作家普鲁斯特的意识流小说《追忆似水年华》、英国作家乔伊斯的《尤利西斯》等。

此外，他还迷上了侦探小说，经常读些惊险的侦探故事休养脑筋，福尔摩斯的探案故事，更是看得废寝忘食、手舞足蹈。可以说，读侦探小说成了他最惬意的休憩方式。

当然，像康德、黑格尔、克罗齐等哲学、心理学的作品，他也不会放过。那段岁月，他读了太多书，多到连杨绛都说不清他到底读了多少本，估计“拙手笨脚”的默存先生本人也弄不清吧。

与此同时，杨绛选择了做牛津大学的旁听生。她不愿去不提供住宿的女子学院攻读历史，因为她不喜欢；她也不愿离开钟书，去别处求学，因为放这位磕掉门牙的马大哈在这里她并不放心；她也不愿在牛津大学自费学习，因为这里的学费太过昂贵，她不愿给父母增添经济压力。

她说：“我爸爸已经得了高血压症。那时候没有降压的药。我离开爸爸妈妈，心上已万分抱愧，我怎能忍心再向他们要钱？我不得已而求其次，只好安于做一个旁听生，听几门课，到大学图书馆自习。”

只是，她这个旁听生却比钱钟书勤奋很多。她不仅旁听了许多牛津大学的经典课程，还认真做了课堂笔记，然后便泡在图书馆里自习。在“饱蠹楼”里，她占了临窗的固定座位，还为自己做了课程表，仔细品读那借来的一本本图书。

她说，能这样读书，还有什么不满意的呢？知足常乐，这里环境幽静，来往的学生寥寥无几，多少个清晨午后，她便坐在窗口，沐浴着和煦的阳光，静静品读经典，沉淀心灵。不知不觉，她的外国文学修养大大提高了，这为她以后的外国文学翻译研究打下了坚实的基础。

只是偶尔，她也会失落，叹息自己不是牛津大学的正式一员。当她穿着旗袍，孤零零地坐在课堂侧面的旁听席上时，心中不免惆怅。她说：“我看到满街都是穿学生装的人，大有失学儿童的自卑感，直羡慕人家有而我无份的那件黑布背心。”

当她向钱钟书抱怨时，他却摇摇头，说她得福不知，还边说边让她看自己的必修课程和前两次的论文题目。杨绛看了，自是唏嘘不已，暗幸自己不在学校的管辖下，不用费这番大功夫。

只是杨绛也知道，自己正是欠缺这样严格系统的训练。而钱钟书则觉得，如果自己像妻子那样有足够多的自由阅读时间，保准有更大的收获。自古鱼与熊掌不可兼得，正如杨绛所说：“反正我们两个都不怎么称心，而他的失望更大。”

夫唱妇随，妇唱夫随。他们一起来了英国，一起在泰晤士河畔读书学习。生活生活，生生活活，虽然免不了琐碎的小事，虽然并不总是称心如意，但有了彼此，他们便能拥抱幸福。

另一个世界

钱钟书赠予过杨绛一句话：“绝无仅有地结合了各不相容的三者：妻子、情人、朋友。”

在他的眼中，她是温柔贤惠的妻，是妖娆可爱的情人，也是无话不谈的朋友。离开熟悉的家国亲友，他们相伴来到另一个世界，一个美丽却陌生的世界，而她是他唯一的陪伴。

他们住在一个被称为老金家的公寓，同住的还有两位单身房客，他们皆是在牛津访问的医学专家。初来时，钱钟书磕掉门牙，便多仰仗他们出的主意。

他们的房间是窗临花园的双人卧房，老金的妻女会帮忙收拾房间，并且还提供早午晚餐和午后茶。他们是自由的，不用为家务所累，也不必为餐点担忧，他们可以从容地泡在图书馆，好好享受那琳琅满目的文学经典。

牛津大学每学年三个学期，每学期八周，然后放假六周，一学年后更是有长达三个月的暑假。这里虽然学风严谨，但假期还是相当多的。

中国的留学生，多半是些从贵族学校毕业的富家子弟，在学校不把学业当回事，整天喝酒闹事，而假期一到，便又都撒丫子旅行去了。

看着经常胡闹犯校规的中国留学生们，品行导师可谓头疼之至，有时还要去警察局保释那些因胡闹过头被拘捕的学生。而钱钟书是个例外，他的品行导师只是经常请他们夫妇喝茶而已。

每每假期，他并不想着去别处走走，看看不同风景。他把所有的时间投入了书的海洋，只有暑假才会离开片刻。如果说，英国是不同于中国的另一个世界，那么，令他着迷的图书世界，便是这个世界中最绚烂的一笔。

其实这也不算稀奇。钟书素来不爱活动，在清华大学四年时光，他除了与全校共游过颐和园和香山，再没有去过北京其他的名胜。或许，对他来说，拥有书，才算拥有整个世界。

大学的馆藏图书虽然丰富，但只限于十八世纪及以前，并不满足的两个人，为了阅读十九、二十世纪的书籍，便跑到市图书馆借书。只是那里的图书两个星期内便要归还，于是，他们不到两个星期便跑一趟市图书馆，乐此不疲。

他们读了很多书，也会彼此交流意见。钱钟书读到好书，猜妻子会喜欢，便会推荐给她。杨绛说："我们文学上的'交流'是我们友谊的基础。彼此有心得，交流是乐事、趣事。"

阳光倾泻的房间，一张简单的桌子，相对而坐的两个人。他们低着头，轻轻翻动手中书页，阅读一段段美丽的文字，偶尔间抬起头来，与对面不经意的目光重合，他们相视一笑便又低下头去。

岁月静好，现世安稳，他们在平淡日子里相濡以沫，那如水的时光，一分一秒都安然温暖。

除了读书，他们每日都有小小的约会，他们美其名曰“探险”。如果说，相伴阅读是他们宁静的独处时光，那么早饭前晚饭后的独处，便是漫无边际的玩乐时间。他们牵着手，慢慢走着，不管道路指向何方，仿佛一不小心，便能走到地久天长。

大街小巷、闹市郊区、公园教堂，还有一个个学院的门前，他们一处处走，边走边玩，用步伐丈量牛津的风土人情。在闹市，看着闹市中形形色色的人流，他们便会猜测各人的身份，还玩起与书中人物对应的游戏，而当看到不同类型的房子，便又会猜想主人的模样……

这是属于他们的小游戏，虽然有些孩子气，却欢乐十足。

杨绛说：“牛津人情味重。邮差半路上碰到我们，就把我们的家信交给我们。小孩子就在旁等着，很客气地向我们讨中国邮票。高大的警察，戴着白手套，傍晚慢吞吞地一路走，一路把一家家的大门推推，看是否关好；确有人家没关好门的，警察会客气地警告。”

少了都市的繁华喧嚣，牛津是座安静的小城，古朴淡雅，风景幽绝。他们不是故乡人，却在这静美小城的人情气息中，轻易寻觅到归属。或许这就是他们要的爱情，生活在别处，远离世俗，简单纯粹地过自己想要的生活。

乍离父母如此遥远，杨绛很是想念，便每周往家寄信，当每周的回信不远万里地来到手中，看着父母亲切的话语，看着妹妹们没头没脑的小字条，她总是眉开眼笑，很是开心。

钱钟书没有那么多家书，偶尔来信，也是严父的谆谆教诲，所以很是羡慕妻子与家人间的浓厚亲情。当杨绛来信时，他便争着读那亲切有趣的家书，她写回信时还要凑着写上几句。

偶尔，他们也会参加些社交活动，最多的便是同学师长间的午后茶时光，钱钟书和杨绛还因此学会了泡茶——“先把茶壶温过，每人用满满一茶匙茶叶：你一匙，我一匙，他一匙，也给茶壶一满匙。四人喝茶用五匙茶叶，三人用四匙。开水可一次次加，茶总够浓。”

牛津大学有个奇葩的规定，学生每周必须在所属学院食堂吃四五次晚餐。在某种程度上，这几次晚餐，比上课更重要，吃了便表明学生在住校。钱钟书不无幽默地说，获得文科学士学位后，再吃两年饭，就是硕士，再吃四年饭，便是博士。

在这里，钱钟书还遇到过另一件奇葩的事情。一位叫作史博定的富翁，想要在牛津大学设立汉学教授职位，当时他的弟弟是牛津大学的驻院研究员，专门研究庄子哲学。一日，他请钱钟书夫妇二人去家中做客，劝他放弃庚子奖学金，改读哲学，做他弟弟的帮手。

富翁是高傲的，他看不起那微不足道的中国奖学金。但爱国之心，人人有之，钱钟书当即拒绝了他的提议，放弃国家奖学金转投外国富翁的事情，他断断是不会干的。

在牛津，他们虽然没有如日中天的名气，但还是结交了不少文人学者，一个叫作C.D.LeGrosClark的法国人，出版《苏东坡赋》时，还特意请钱钟书写了序文。

后来，为了表达谢意，他还专门携夫人从巴黎赶来牛津相会，请钱钟书夫妇共进晚餐。那一日，他们穿了隆重的礼服，赶到有名的圣乔治大饭店赴宴，席上的他是风度翩翩的绅士，她是小鸟依人的淑女，两对夫妇谈笑风生，宾主尽欢。

钱钟书也是爱玩的人，只是他爱的不是游山玩水，而是写文字游戏。当时他们结识了俞大缜、俞大絪姐妹，向达、杨宪益等留学生，偶尔也会喝喝下午茶，交流下生活和学习。

而向达更是他家的常客，两人每每聚到一起便是满嘴胡说打趣，钱钟书还会随口作些歪诗插科打诨。他还曾赠给向达一首打油长诗，前两句便说他“外貌死的路（still），内心生的门（sentimental）”，向达并不生气，看着那些胡说八道的诗句，和钱钟书笑成一团。

他和钱钟书，可以说是臭味相投。他不甘示弱地对钱钟书说：“人家口蜜腹剑，你却是口剑腹蜜。”懂得之人自有他们的懂得，向达懂得钱钟书的文字游戏，便不会觉得他言语刻薄。

杨绛曾这样说：“能和钟书对等玩的人不多，不相投的就会嫌钟书刻薄了。我们和不相投的人保持距离，又好像是骄傲了。我们年轻不谙世故，但是最谙世故、最会做人的同样也遭非议。钟书和我就以此自解。”

当时年少，不谙世故，也不屑世故。人活一世，没有必要和自己过不去，交些相投的朋友，开开玩笑，说些知心话，便足够了，何必让那些不相投的言论扰乱自己的心呢？

时光，流逝着；岁月，沉淀着。虽然两人只有一间卧室供日常起居，虽然老金家的伙食越来越糟，但一日日、一月月，他们遵从自己的内心，过得充实，活得愉悦，人生如此，便足够了吧。

在老金家，他们共居一间，没有书房，没有起居室，总不免有些不方便，而公用的浴室厕所也会偶有尴尬。而饮食保守的钱钟书，不肯吃干酪、西餐一类的洋味儿，杨绛便把他能吃的省下大半给他，但她还是觉得他填不饱肚子。

看着钱钟书面黄肌瘦的模样，杨绛很是心疼，便决定搬家。她并没有同钟书商量，只偷偷去找房看房。只是看了几处都不满意，不是地方偏远，便是预算不够。一次散步探险，她偶然看见牛津大学附近的一座三层洋楼贴着招租告示。

她跑过去，却发现告示不见了，可她还是决定闯上门碰碰运气。门开了，房主达蕾女士将她好好打量一番，又问了些话，才带她去二楼看房。杨绛看着独立的卧室和起居室、大大的阳台、专用的浴室厕所和厨房，便很是喜欢，另外，这套房子与其他房间是隔离开的，可由花园小门出入。

问清租赁条件后，她不禁莞尔。这里环境幽雅，离学校和图书馆也没多少距离，更重要的是，租金十分合适，她有预感，钟书也一定会喜欢这里。

果不其然，钟书看到房子时喜出望外。钟书高兴满意的模样，让杨绛很是满足。他们当即与达蕾女士签下租约，在老金家过完圣诞节后，便搬进了新居所，那里是只属于他们两人的私密空间。

俗世里的浪漫

如果说，爱情是彼此愉悦的激情，那么婚姻便是如此琐碎的生活。从缠绵浪漫的爱情，走进柴米油盐的平淡婚姻，喜不喜欢，要听从自己的内心。正如钱钟书所说：“婚姻就像是穿在脚上的鞋子，舒不舒服只有脚指头知道。”

他们搬进了新家，亲手打造只属于两个人的温情一隅、快乐天地。

他们在食品杂货店订购了面包和牛奶，每天都有刚出炉的面包和新鲜牛奶送到家里。他们去图书馆或傍晚“探险”时，便会顺便在商店挑选鸡鸭鱼肉、瓜果蔬菜还有其他日常食品，然后便有个可爱的男孩子把食品送到他们家门口。

商店主人很喜欢这两个黄皮肤黑头发的亚洲人，把他们当老主顾看待。当选购食品时，不用他们当场付款，只要每两个星期把账单结清就好了，当店里进了新鲜东西，总会通知他们，当他们选了陈货时，店主还会很好心地说：“这是陈货了，过一两天进了新货再给你们送。”

就这样，他们拥有了新鲜好吃的食材，只是两个从来没有做过饭的年轻人，还有很多的事情要学要做。

搬家那天，他们看着新居室那一排考究的衣橱，满心欢喜。在午后的阳光里，他们忙忙碌碌，收拾衣物，整理书籍，不知不觉日已西斜……

达蕾女士租给他们不少日用家具，也包括厨房的电灶电壶以及锅盘刀叉。那天晚上，他们学会使用电灶电壶，烧了一大壶开水，还用其他的厨具对付着吃了晚餐，然后便在柔软的小床上睡下了。

天亮了，第一缕阳光透过窗帘洒在棉被上，晕开柔和的光圈。一向早睡早起的钱钟书蹑手蹑脚地起床了，这是他们在新居的第一个清晨，他要给爱妻一个很是幸福的开始。

他去了厨房，笨手笨脚地煮了“五分钟鸡蛋”，热了牛奶，烤了面包，还卖弄了一下刚从同学那里学来的本领，为爱妻冲了又香又浓的红茶。最后，他用带短脚的饭盘把精心准备的早餐端到了爱妻的床前，还加了黄油、果酱、蜂蜜。

杨绛入睡晚，早上也醒得迟。当她自睡梦中醒来，看到这样丰盛的早餐，真是又惊又喜，直叹自己从来没有吃过这么香的早饭，还开玩笑地说：“我便是在酣睡中也要跳起来享用了。”

这是钱钟书给她的俗世中的浪漫。谁说婚姻缺少浪漫，只要有心，浪漫无处不在。看着爱妻眉眼带笑的开心模样，钟书也很是满足，从此后，他每天都为她准备可口的早餐，一直到老。

杨绛后来如是写道：“我们一同生活的日子——除了在大家庭里，除了家有女佣照管一日三餐的时期，除了钟书有病的时候，这一顿早饭总是钟书做给我吃。每晨一大茶瓯的牛奶红茶也成了他毕生戒不掉的嗜好。”

他们有了厨房，便开始自己学着炒菜做饭。卷袖围裙为口忙，朝朝洗手做羹汤，杨绛当了主厨，钟书是助手，真是好不欢乐。有一次，钟书想吃红烧肉，杨绛便将买的肉用剪子剪成一方一方的，然后打开电灶开足电力使劲煮，汤煮干了就加水，只是这锅“顽固的犟肉”却怎么也煮不烂。

事后，杨绛突然想起母亲做橙皮果酱时用的是“文火”，再做红烧肉时，她便用文火炖肉，还买了瓶雪莉酒当黄酒用，这次红烧肉做得还算不错，钟书吃得酣畅淋漓。

杨绛笑着说：“我们搬家是冒险，自理伙食也是冒险，吃上红烧肉就是冒险成功。”从此后，无论是鸡肉、猪肉还是羊肉，她都依法炮制，用文火慢慢炖，竟然发现白煮也很是好吃。

刚开始，她也把蔬菜煮着吃，一次她灵光一闪，想起以前看过怎样炒菜的，便按着记忆炒起来，竟然还蛮好吃，至少比煮的好吃，从此后她便炒蔬菜了。

他们慢慢摸索，慢慢发明，虽然有时候会闹些笑话，但也添了很多乐趣。一次，店里送来扁豆，他们不知道这是什么，便边剥边抱怨壳太厚、豆太小。只是剥着剥着便醒悟了，这是扁豆，壳是可以吃的，于是杨绛焖着做了，还挺成功！

还有一次，他们买了活虾，杨绛很是“内行”地说：“得剪掉须须和脚。”她拿着剪刀剪了下去，谁知活虾开始在她手里抽搐，吓得她扔了虾逃出厨房，并孩子气地对钟书说："虾，我一剪，痛得抽抽了，以后咱们不吃了吧！"

杨绛的话逗乐了钟书，他对杨绛讲道理，说吃还是要吃的，虾子不会像她那样痛，便自顾拿着剪刀去剪"须须和脚"了。

就这样，他们不断实验，不断发明，饭菜竟做得有模有样了，杨绛更是戏称自己"由原始人的烹调渐渐开化，走入文明阶段"。钟书有了中式饭菜，吃得开怀，快活得只想淘气，于是便趁爱妻午睡时，用浓墨给她画了花脸。

对此，杨绛回忆说："他醒来见我睡了，就饱蘸浓墨想给我画个花脸。可是他刚落笔我就醒了。他没想到我的脸皮比宣纸还吃墨，洗净墨痕，脸皮像纸一样快洗破了。以后他不再做恶作剧，只给我画了一幅肖像，上面再添上眼镜和胡子，聊以过瘾。"

哈哈，真的是情趣无限啊！

爱情，是激素碰撞下的刻骨铭心。有的人爱得用力、抵死缠绵，有的人爱得平淡、细水长流，只是太多海誓山盟的爱情，败在了平淡的居家饭厅。所以，有人怕了婚姻，怕平淡乏味毁了爱情。

俗世之间，平淡是主旋律，浪漫却是平凡中的调味品。看他们这样快活的小日子，是不是很是羡慕？其实，浪漫并不用刻意，只要有心，只要有爱，还怕缺了情趣吗？

那段时间，他们真的很快活，好像自己打造出一个天地。做饭趣味横生，但也颇费功夫，有时候，杨绛也会想：假如我们不用吃饭，就更轻松快活了。

钟书自然是不同意的。他说："我是要吃的。神仙煮白石，吃了久远不饿，多没趣呀，我不羡慕。"一句诙谐幽默的话语让杨绛捧腹大笑，便乖乖做饭去了。

只是快活的日子也会出点意外。一九三六年初春的早晨，杨绛送钟书出门，他去上课了，只是当她想要回屋时，一阵风刮来，门锁上了，而她没带钥匙……

她不想找锁匠，因为费用昂贵，更何况她身上也没带钱。她转到花园，看到修剪树枝草坪的园丁身旁有架长梯，她便借来爬上了阳台。她细细观察阳台厚厚的木门，想要从门框镶嵌玻璃的小横窗钻进去，只是横窗太高，她够不着。

她情急生智，站在阳台放置的木箱上，一蹬一侧蹿，左手便搭上气窗下沿，脑袋顶开气窗钻了进去，上半身也钻了进去，下半身怎么进去的她忘了，但她就这样钻了进去。

真的是有惊无险。她赶紧去客厅拿放在桌上的一串钥匙，并拴在了腰带上。钟书下课回来时，富于人生智慧的杨绛已经恢复平静，好像什么事都没发生过。

一转眼，一学年便过去了。钱钟书考试完毕，两人便把行李寄放在达蕾女士家，携手到伦敦和巴黎"探险"去了。走前杨绛还与达蕾女士约定，暑假过后他们将搬进她的另一所稍大的房子。

杨绛说："这一学年，该是我生平最轻松快乐的一年，也是我最用功读书的一年，除了想家想得苦，此外可说无忧无虑。"

钱钟韩在暑假自己一个人骑着自行车去德国和北欧旅行了，所以他们在伦敦失了向导，只得自己继续探险：从寓所到海德公园，再到托特纳姆路的旧书店，从动物园到植物园，从西头的富人区走到东头的贫民窟。

到了巴黎，他们还没来得及领略一下别样的法国风情，钱钟书便接到了政府当局的电报，派他以“世界青年大会”代表的身份去瑞士日内瓦开会，而杨绛也被一位住在巴黎的共产党员邀请，成了“世界青年大会”的共产党代表。

这样，夫妻两人便一起去了日内瓦。对此，杨绛得意地强调：“我和钟书同到瑞士去，有我自己的身份，不是跟去的。”

开会期间，每场重要会议，他们两个都参加，但遇到可以溜的会，他们一概开逃，继续未知的“探险”。有一次，两人漫无边际地走在窄狭不平的山路上，不知不觉便到了莱蒙湖边，他们心血来潮想要绕湖一圈，但后来越走湖面越宽，压根没法绕一圈。

大会落幕后，二人又去巴黎玩了一两个星期，才回了牛津。有人说，一生中至少要有两次冲动，一次为奋不顾身的爱情，一次为说走就走的旅行。那么，如他们那般，同相爱之人进行一场随遇而安的旅行，该是怎样的浪漫。

还记得那首老歌的永恒旋律：“我能想到最浪漫的事，就是和你一起慢慢变老，一路上收藏点点滴滴的欢笑，留到以后坐着摇椅慢慢聊，直到我们老得哪也去不了，你还依然把我当成手心里的宝……”

时间仿佛静止了，这首歌唱哭了多少人，又唱醒了多少人。时过境迁后，又有多少人羡慕这样的生活。岁月斑驳，憔悴了容颜，苍老了鬓发，但相爱之人依旧紧紧相随。这样的爱情，这样的婚姻，便是有质感的生活。

俗世中的浪漫，就缀在生活的点滴之中。浓情不语，静水流深，一顿亲手做的温馨早餐，一道对方念叨许久的菜，哪怕只是一句贴心的关怀话语，都能温暖爱人的心。

青春，人生，那些过往，总是在蓦然回首时现真醇。几十年后，钱钟书还说过这样一句话："我见到她之前，从未想到要结婚；我娶了她几十年，从未后悔娶她；也未想过要娶别的女人。"

生命新芽

人生短暂，总会留有遗憾。于是，悲观者认为生命的本质是虚无，乐观者则认为得与失之间渗透着残缺的美感。无论贫穷还是富贵，凡人总有入土的一天，于是，人们格外关注血脉的传承与延续。

孩子对于中国人的意义，要远远大于西方。古代时，便有“不孝有二，无后为大”的训词。如今终将化为尘土，回归大地，那么，恐怕只有婴儿的一声清脆啼哭，才能解救这一个关于生命的命题。

当然，于钱钟书夫妇而言，他们断然不会如此狭隘。生命的传承只是一种抽象的规律，生活中可以随处捕捉的温暖和感动，才是最重要的。从巴黎返回牛津的途中，他们也喜悦地收获了爱情的果实——不知不觉中，一个小小的生命，开始孕育和成长。

当杨绛开始察觉身体的微妙变化时，心里也充满了期待和新奇之感 。他们如同所有年轻的夫妻一样，经常讨论这个婴儿的未来，天马行空地想象即将到来的一切。钱钟书更是暗暗希望，即将出世的是一个女儿，未来成长为如妻子一般温婉智慧的完美女子。

在杨绛心里，则期待孩子未来如丈夫一般博学睿智。由此可见，他们都将自己最爱的一切，投射到了孩子的身上。同样，也可以看出在他们彼此的心中，对方都是最完美的另一半。

陌生的国度里，是不一样的事业，每天接踵而来的各式挑战。这个小小的喜悦，便是他们最甜蜜的收获了。后来，他们的愿望都变成了现实，女儿钱瑗如母亲一般温暖宽厚，如父亲一般学富五车。

一边是学业，一边是爱的结晶。钱钟书夫妇的生活过得充实而美好。随着月份的增多，杨绛的孕期反应也越来越强烈，在甜蜜的折磨中，她只得将重心调整到孩子身上，创造一切条件保证让她健康出生。

孕育生命是女人的天性，她经常轻轻抚摸自己的肚子，感受宝宝忽而伸展的小手小脚，她觉得，她们之间的私密对话就这样开始了。这个世界有很多残缺，可是他们愿意用满满的爱来填补。

毫不夸张地说，即使对于两位名满天下的作家来说，他们最重要的作品，仍是孩子。为了给妻子一个良好的生产环境，也为了保证宝宝的健康，钱钟书跑前跑后，查找了好多信息，咨询了不少专业人士，最后为杨绛在英国的产院定下单人病房，并请院长为他们介绍专家大夫。院长为钱钟书推荐了斯班斯大夫，这是医院最好的大夫，并且他的家与钱钟书夫妇的住所很近。

对于女人来说，生产是一个充满了痛苦和挑战的过程。之后，她甚至不愿回忆起那一天。她仿佛用尽了全部的力气，并一度昏迷过去。还好最后一切顺利，当她睁开双眼的时候，看到了所有人焦急的目光，床边围了许多的护士。

她们用充满敬佩的语气说："你是我们见过的最勇敢的女人。"她被包裹在一个法兰绒的布包里，像是一个粽子，虚弱地微笑着。她平静地听护士们讲述那个惊险的过程，仿佛事情已经彻底与己无关。当被问及，为何不大声喊叫时，她淡淡地说："既然喊叫也仍是会疼，那又何苦浪费力气呢？"护士们更加瞠目结舌，惊叹这位中国女人的韧性。

对于钱钟书来说，这一天过得坐立难安。整个过程中，他不能与妻子见面，但是心里无论如何也放心不下，像是热锅上的蚂蚁。一日里，他来到产院四次，被医生劝说回去后，仍然不放心，再返回来。寓所与医院之间没有直达的公交车，所以都靠步行，一日往返四次，可见他的内心焦急。

孩子诞生后，医院告知钱钟书，是个女儿，钱钟书心愿达成，笑得合不拢嘴，但是产妇太过虚弱，医院仍然禁止他们见面，他只得再次独自离开。直到杨绛完全脱离危险并清醒过来之后，他终于见到了心心念念的妻女。

古往今来，文学巨匠皆才华横溢，但是也有一条不成文的规律，若是遇到了自己身边的事儿，反而口才拙笨起来。见到白白胖胖的初生儿，钱钟书自然心潮澎湃，可是却头脑空白，说不出一句诗歌及优美词汇，只是傻笑着说："这是我的女儿，我喜欢的。"

面临生命中最大的喜悦，也只有最朴实无华的语言才能阐释。最懂他的，莫过于杨绛。她明白，丈夫那笨拙的话语里，蕴藏着怎样的按捺不住的震动与惊喜。

休养期间，护士们常常笑着揶揄杨绛，有如此一位好丈夫真是有福气，光是生产那一天，就奔波了四个来回。杨绛听到此话，才知道丈夫对自己与孩子的牵挂，心里涌起一股暖流，同时也有些心疼，学业已经很繁重，她担心钱钟书会疲累。

有了孩子之后，钱钟书更加心疼妻子。他始终忘不了女儿出生的那天，自己因为恐惧而颤抖的双手。在后来的很多年里，他经常在女儿的生日里重复一句话："这是你母亲的受难日。"他们共同为女儿取小名阿圆，并对阿圆倾注了全身心的爱与保护。

阿圆的出生，灵动了钱钟书与杨绛的生活，更加升华了他们的爱情。二人世界又多了一个小小的支点，让这段关系更加稳固。

卷四

Chapter・04

珍贵岁月：手上青春还剩多少

钱钟书和杨绛都不喜政治，但奈何形势逼人，他们不得不抉择一番。这是第二次世界大战的前夜，祖国的大半疆土已相继陷落，法国被纳粹德国虎视眈眈，他们到底应该何去何从?

在巴黎大学学习期间，他们原打算攻读学位，并已经开始准备博士论文。但如今，法国并非久留之地，他们已无心逗留，只想快点回到心心念念的祖国去。

你好，巴黎

在遥远的塞纳河畔，有一个艺术之都、浪漫之城，它的名字叫巴黎。那里有典雅的卢浮宫，庄重的凯旋门，还有迷人的埃菲尔铁塔和香榭丽舍大街。那里有随处飘落的金黄叶片，微凉的清风，还有浓郁的咖啡香。

那是座有魔力的城市，精致优雅，连梵·高也迷失在这文雅的艺术气息里，徐志摩也如是说："到过巴黎的一定不会再稀罕天堂。"

巴黎，你好。有人说，你的每一个场景都和爱情有关，那么，当中国文坛这对让人钦羡的伉俪来到你的怀抱，你应该会很热情地给他们一个吻吧。

钱钟书和杨绛曾在暑假时来过这里，虽然只是短暂停留，却在浪漫巴黎风情里动了情。在回牛津前，他们便请老朋友帮忙代办了巴黎大学的注册入学手续。一九三六年秋，当他们身在牛津，沉浸于即将成为人父人母的喜悦时，他们已经算是巴黎大学的学生了。

钱钟书本是要在牛津大学待四年的，但为了妻子能在法国更好地学习拉丁语言文学，他选择提前两年毕业，并谢绝了牛津大学聘他做中国讲师的邀请。

一九三七年，他完成了学位论文《十七、十八世纪英国文学中的中国》，并顺利通过了论文口试，领到了牛津大学文学学士学位的一纸证书。

牛津的一切都已尘埃落定。在他们的宝贝女儿阿圆出生后的第一百天，一家三口踏上了前往巴黎的旅程。他们先坐火车去了伦敦，转车到多佛港口，然后上渡船过海，入法国加来港，最后又乘火车才算来到了巴黎。

一路上，他们跋山涉水，风尘仆仆，不过看着可爱的阿圆熟睡的容颜，他们的心情便没有阴霾。阿圆是个漂亮的娃娃，穿着过半身的婴儿服，在旅途中，曾经有个中年乘客看着她一语双关地恭维说："a China baby。"

听到这样的夸赞，杨绛和钱钟书都很是骄傲。这是他们的女儿，肌理红嫩，是个中国娃娃，也像个瓷娃娃。

在法国加来港口，当港口管理人员看到抱着可爱婴儿排队等候的杨绛，便立即请她优先下了船。她第一个到了海关，便悠闲地辨认自己托运的行李，一会儿提两个小提箱的钱钟书也到了。

他们细细整理行李，等待海关人员的入境审查。海关人员很是喜欢白瓷般素净的中国娃娃，一件行李都没有查，连箱子都没有打开，便微笑着画上"通过"的记号。杨绛说："我觉得法国人比英国人更关心并爱护婴儿和母亲。"

到了巴黎火车站，他们的朋友盛澄华已在等候。盛澄华帮他们在巴黎近郊租了公寓。那里风景优美，交通也颇为便利，坐车五分钟便可以到达巴黎市中心。

公寓的主人是一名退休的邮务员，叫作咖淑夫人。她用自己的退休金买下了这栋公寓出租，也为部分房客提供三餐。她是个好厨师，做菜相当不错，并且伙食既丰富又便宜，常常鸡鸭鱼肉摆满餐桌。

巴黎是自由的国度，带着烂漫的法式情调，并不像牛津那么死板。钱钟书曾为了牛津大学的学士学位，在不必要的功课上，白费了不少功夫，对此他很是介怀，常常引用一位取得牛津大学文学学士的英国学者的话："文学学士，就是对文学无识无知。"

在巴黎大学，他不想再为了一纸文凭浪费自己的时间。好在巴黎大学的学风相当宽松自由，他们可以按照自己的兴趣，选择自己想要读的课程学习。

巴黎，是春天，更是天堂。这里有着不少慕名前来的中国留学生，留学欧美来巴黎度假的也很多。留学生们散居在巴黎各区，在这里，他们几乎每次出门都能碰上熟悉的面孔，也结识了不少留学生朋友，偶尔还会相约咖啡馆聊聊天。

钱钟书与杨绛的公寓同盛澄华一样都在拉丁区，距离很近，便经常去盛家玩儿。他们一干留学生朋友聚在一处，很快便发现钱钟书对音乐、舞蹈、美术似乎兴趣不大，也不像其他进步青年那样天天马克思主义，但他博闻强识，随口便是大家之言，后来，盛澄华说："钱钟书说的话好像没有一句是他自己的。"

除了盛澄华，与他们来往比较多的便是林藜光、李伟夫妇。林藜光专攻梵文，是一个治学严谨的在读博士，李伟是来自清华大学中文系的才女，写一手漂亮的毛笔字，填词作赋颇为精通。更重要的是，他们有一个与阿圆同年同月生的儿子，大大拉近了彼此间的距离。

两个女人凑到一起，不谈文学，不谈理想，只心心念叨“育儿经”。李伟告诉杨绛，有些同学将孩子送去了托儿所，自己得了片刻清闲，可孩子却遭罪了，连吃喝拉撒睡都要按规定的时间进行。杨绛听后，唏嘘不已，自然舍不得自己的阿圆受这样的洋罪。

那时，他们对门的邻居太太因着丈夫早出晚归，自己还没有孩子，便常常逗阿圆玩。她很是喜欢这个肥嘟嘟的小婴儿，便想要带去乡间抚养，并对杨绛他们说：“乡间空气好，牛奶好，菜蔬也好，你们去探望也很方便。”

只是杨绛如何舍得。她说：“如果这是在孩子出生之前，我也许会答应。可是孩子怀在肚里，倒不挂心，孩子不在肚里了，反叫我牵心挂肠，不知怎样保护才妥当。”

对门邻居太太曾把阿圆的婴儿床挪到了她的卧房，看看孩子能否习惯。好在阿圆并不认生，没有哭过一声，只安稳睡着，很是香甜，在自己房间的钟书和杨绛倒是牵肠挂肚地一夜无眠。

后来，对门邻居太太没有去乡下，她还是会把阿圆抱到家里去玩，杨绛和钱钟书有事需要一同出门时，便会请她帮忙照看，并付给她一定的报酬。

这样，阿圆的问题便解决了，他们开始沉下心，扎扎实实地读书学习。为了淘些宝贝书看，他们常常去逛古旧书店，从一个个书筐中挑选自己中意的图书，带回家静静品读。

就这样，嗜书如命的钱钟书，自由恣意地读了一年书。书不管是中文、英文还是德文、法文，他从十五世纪出版的图书一直读到十八九世纪出版的图书，后来阅读的范围还加上了意大利写就的图书。当时，钱钟书还常把自己的诗歌、散文寄回国内，发表在《文学》杂志和《国风》半月刊两个颇具影响力的期刊之上。

据杨绛回忆，他们初到法国时，两人曾共读《包法利夫人》，当时钟书的生字比她要多，但一年以后，钟书的法文水平便远远超过了她。对于此事，杨绛不无调侃地说："我恰如他《围城》里形容的某太太'生小孩儿都忘了'。"

他们把大把大把的时间留给了书籍，连吃饭都觉得没有闲工夫。咖淑夫人家的伙食虽然丰富美味，但却是钱钟书吃不惯的洋味儿，并且咖淑夫人喜欢一道一道上菜，经常一顿午餐就要消磨掉两小时，这让爱惜时间的夫妻俩很是无奈。不久后，他们便自己开伙做饭了。

煮汤烧菜，也是平淡中的情趣。杨绛喜欢把鸡、咸肉、平菇、菜花等一股脑放在锅里同煮，然后钟书吃肉，她喝汤，而阿圆吃奶。后来，她从咖淑夫人那里学会做"出血牛肉"，便把鲜红的血留给阿圆吃，有时，她还让阿圆吃些蘸着蛋黄的面包和空心面。

阿圆长得很快，也长得很结实。用杨绛的话说："很快地从一个小动物长成一个小人儿。"

看着这样一点点成长着的女儿，夫妇二人很是开心。他们托着阿圆的肥嫩嫩的小手小脚细细端详，竟然神奇地发现骨骼造型与钟书的一模一样。

她已经开始淘气，淘气的功力丝毫不输给乃父。当看到镜中的小人儿，她便咯咯直乐，仿佛认出了自己；当钟书做着恶心的样子闻她的小脚丫，她便会笑出声来；当钟书和杨绛看书不理她，她又会不安分地过来抢他们的书……

于是，杨绛为阿圆买了一只高凳，外加一本大书。他们夫妻读书时，便让阿圆坐在高凳里，前面摊开那本大书，另外，他们还给了阿圆一支铅笔。于是，便有了这样的场景：两个大人看着书，人小鬼大的阿圆便拿着铅笔，学着大人的模样，安安静静地画书玩。

当钱钟书在给朋友的信上形容自家女儿如此顽劣时，杨绛还不服气地拿这件事辩白："其实女儿很乖。我们看书，她安安静静自己一人画书玩。"

后来，他们买了推车，每天推着阿圆出去玩一圈。只是谁知道，这个贪玩的女儿，最早说的一句话，不是"爸爸"，不是"妈妈"，而是"外外"，天知道她是多么想去外面玩儿！

这是他们的巴黎时光，带着法式情调的舒适安逸。幸福不过如此，在一座美丽的城，守着小小的三口之家，时光静好，细水流年……

阿朵士2号

爱在巴黎。这是一座美丽的城市，有着令人着迷的力量，那古朴的街道，塞纳河畔的日落，还有夕阳下缓缓走着的白发老妇人，都是独属巴黎的优雅冗长的电影慢镜头。

身处诗意的异国街头，他们沉浸在这无穷无尽的安宁中。世间纷繁，虽然这里也有阴冷灰暗的角落，但都与己无关。他们是观者，只要相依相靠，日子便简单纯粹，富有情调。

只是，终究还有牵绊，毕竟他们不是天涯无根的浮萍。一九三七年，他们是幸福的，但远在大陆另一端的父母之邦，却无时无刻不牵动着他们的心弦。

这一年，钱钟书最尊崇的隔代知音石遗老人逝世了，这让夫妻二人很是唏嘘难过。出国前夕，当他们专门去向老先生辞行时，他拉着钟书的手，伤感地说："子将西渡，予欲南归，残年远道，恐此生无复见期。"唉，一语成谶。未及两年，石遗老人便遽归道山。

青眼高歌久，于君慰已奢。
旁行书满腹，同梦笔生花。
对影前身月，双烟一气霞。
乘槎过万里，不是浪浮家。

犹记得尚在牛津时，先生还给他寄来这首《寄默存及伉俪》，夸赞他们夫妻的才华与恩爱，可如今，竟然是天人永隔，不复相见，而他们竟然连相送一程的机会都没有。钟书叹息一声，流下两行泪，作一首《石遗先生挽诗》，寄予哀思：

几副卿谋泪，悬河决溜时。
百身难命赎，一老不天遗。
竹垞弘通学，桐江瘦淡诗。
重因风雅惜，匪特痛吾私。

适量方寸玲珑地，饾饤悲欢贮几多？只是这只是个开始，一场场令人惊愕的变故，个人的，乃至祖国的，正在慢慢靠近……

一九三七年，日本发动了全面侵华战争，他们的铁蹄一步步向南方逼近，无锡、苏州都开始遭到侵略者无情的践踏。故乡的天空染上了厚重的阴霾。一时间，战机盘旋，流弹横飞，死在日本人枪下的百姓不计其数，疲于奔命的人们再顾不得家，纷纷四下逃亡。

钱钟书的父亲钱基博，赶紧接无锡的一家老小到上海租界避难。但定居苏州的杨绛父母，却没有那么幸运，日军的飞机天天在他们家上空盘旋，但杨母却偏偏生了恶性疟疾，几乎奄奄一息，无力逃亡。

鹣鲽情深，杨荫杭舍不下妻子独自逃亡，便想让大女儿和小女儿阿必跟着姑姑们逃难，而自己便随着老伴儿暂避香山，只是两个女儿无论如何都不愿丢下父母独自离开。

只是杨母终究是顶不住了，于香山沦陷前夕去世。乱世夫妻生死情，杨父荫杭用几担米换得一副棺材，将妻子送到坟地。这个刚强的男人，带着两个女儿，跪在荒野里失声痛哭。

只是他还不能倒下，在这兵荒马乱的年代，他还要带两个女儿去安全地带。他擦干泪，在棺木、砖瓦、树木、石头等可以写字的地方写满自己的名字，带着女儿逃难去了。战火连天间，他要留下些线索，以后他一定要把老伴儿接回去。

只是当时整个苏南地区都已沦陷，他们寻不到安身之地，只得冒险回了苏州家中。苏州已是一座死城，四处都是寻找花姑娘的日本兵，两个女儿只得改了男装，剃了头发，日本兵一来搜查便躲进草堆。

当时，杨绛的二姑母杨荫榆住在苏州盘门。这个古怪的女子，依旧一身胆识正气，曾经留学日本的她不止一次去面见日军长官，用日语指责他们纵容部下烧杀抢掠，日军长官也因此勒令部下退还抢掠的财物。

因着这份胆识，她遭了日军的毒手。一九三九年一月一日，两个日本兵把她骗到桥顶，一个开了枪，一个把她抛到河里。当两个刽子手发现她还活着，又连发几枪，直到鲜血把河水染得通红。只是这已属于后话了。

在巴黎的报纸上，他们看到了祖国山河破碎的幕幕场景，不禁悲愤激昂。这一刻，钱钟书真真切切地感受到了杜甫那般沉郁顿挫的忧世情怀，并作了《哀望》一诗：

白骨堆山满白城，败亡鬼哭亦吞声。
熟知重死胜轻死，纵卜他生惜此生。
身即化灰尚赍恨，天为积气本无情。
艾芝玉石归同尽，哀望江南赋不成。

白骨堆山，鬼哭吞声，亡国之民，命贱如蚁。爱国志士，身为国殇，本应保家卫国，挥洒一腔热血。但如今，他在遥不可及的巴黎，不能沙场点兵，也不能玉石共焚，空余一腔报国之情、亡国之恨！

他们并不知道杨母的去世，因为家里人一直有意瞒着杨绛。只是敏感细腻的她，怎会察觉不到些蛛丝马迹？迁居法国后，她总觉得家信里缺了母亲的声音，但却不愿往母亲去世的方面考虑。

一九三八年，刚过完春节，她才从大姐的信里得知母亲已于去年十一月去世了。杨绛回忆说："这是我生平第一次遭遇的伤心事，悲苦得不知怎么好，只会恸哭，哭个没完。钟书百计劝慰，我就狠命忍住。我至今还记得当时的悲苦。"

当时，她尚沉浸在初为人母的喜悦中，这失了母亲的消息，宛如晴天霹雳，刺痛了她的心。常言道，女儿为母亲，便知报娘恩。她已经尝到了做母亲的艰辛与喜悦，可是这没报的娘恩却成了她一辈子的亏欠。

还好有钟书在身边，还好她的痛有枕边人分担。后来，杨绛回忆时无限地感慨道："悲苦能任情啼哭，还有钟书百般劝慰，我那时候是多么幸福。"

衣带渐宽终不悔，为伊消得人憔悴。远在巴黎留学的一九三八年，他们思念着祖国，也记挂着亲人，钱钟书更是常常吟唱柳永的这句诗词，来纾解自己的思归之情，更何况，巴黎的情况也不容乐观。

一场席卷全世界的浩劫，正在悄悄酝酿。一九三六年，西班牙发生内战，随后德国、意大利对西班牙发动了攻势，继而入侵捷克、奥地利等国，欧洲开始动荡不安。当时法国虽然还未受到战事波及，但也因经济危机影响，造成了法郎贬值。

一九三八年八月，德国希特勒发动军事演习，实施全面征兵计划，为挑起更大的法西斯战争做着最后的准备。与德国比邻而居的法国自是危机四伏，法国人为此惶恐不安。

钱钟书和杨绛都不喜政治，但奈何形势逼人，他们不得不抉择一番。这是第二次世界大战的前夜，祖国的大半疆土已相继陷落，法国被德意志虎视眈眈，他们到底应该何去何从？

在巴黎大学学习期间，他们原打算攻读学位，并已经开始准备博士论文。但如今，法国并非久留之地，他们已无心逗留，只想快点回到心心念念的祖国去。

将归远客已三年，难学王尼到处便。

染血真忧成赤县，返魂空与阙黄泉。

蜉蝣身世桑田变，蝼蚁朝廷槐国全。

闻道舆图新换稿，向人青只旧时天。

这是钱钟书在回国前所作的《将归》一诗。上次一别，已离家三年之久，多少个日日夜夜，家乡已经换了一副模样。不如归去，他沉思着、忧虑着，虽然奖学金还能延期一年，虽然还没有拿下博士学位，但还是早些回去吧。

事不宜迟，归国归家便提上了日程。只是受欧洲战事影响，留学法国的中国学生纷纷回国，归国的邮船可谓一票难求，他们辗转各处，最终还是通过里昂大学才买到了三等舱的船票。

有了船票，归家不再遥遥无期。九月间，钱钟书夫妇抱着刚刚断奶两个月的女儿，拖着沉重的书籍行李，登上了法国阿朵士2号邮轮。再见，巴黎；再见，法国！船慢慢驶出港口，向着那片熟知的领地开去，他们多想大喊一声："祖国，我们回来了！"

出国时，他们乘坐的是英国邮轮的二等舱，伙食很好，谁知回国的三等舱，伙食差了很多。而归国心切的他们，竟然忘了帮已经断奶的女儿准备些营养品，可怜的阿圆不得已吃了二十几天的土豆泥。

看着迅速瘦下来的女儿，杨绛很是心疼，她惭愧地说："上船时圆圆算得一个肥硕的娃娃，下船时却成了个瘦弱的孩子。我深恨自己当时疏忽，没为她置备些奶制品，辅佐营养。我好不容易喂得她胖胖壮壮，到上海她不胖不壮了。"

站在阿朵士2号邮轮的甲板上，极目远眺，钟书只觉思绪万千。天是蓝的，海是咸的，风是缠绵的，他要归国了，开始全新一轮的人生，只是不知，祖国的这片天空是否依然辽阔，自己又能否随心所欲地做喜欢的学问?

岸近了，他嗅到了久违的气息，独属于祖国的味道。又见炊烟，只奈何近乡情怯，他整理了一下思绪，提着行李上了岸。

事实上，钱钟书与杨绛的提前归国是相当明智的。一九三九年，第二次世界大战全面爆发，整个欧洲陷入混乱。一九四〇年，德国更是大举进攻法国，后来钱钟书很是庆幸地说："幸亏那个时候早一点归国，如果再延迟一年，遇到了战争，恐怕就回不来了。"

才子轻狂

号外！号外！阿朵士2号带着一对文坛伉俪圆满回归！

当这个振奋人心的消息传遍文化圈时，杨绛已经到了上海租界的家中，而钱钟书则成了清华大学外文系的教授。

归国前夕，他便收到了母校文学院院长冯友兰的来信，诚挚地邀请他来清华大学任外文系教授。本来，刚刚学成归国的学生，只能做讲师，并没有资格担任教授，但他这曾经名赫一时的清华大学才子，自然是个例外。他的例外太多，已经不足为奇。

这一次，他答应了，只因念着一份母校情。

当阿朵士2号在香港靠岸时，他便告别妻子女儿，先行下船奔赴云南昆明，到迁居此处的清华大学任教。那时，华北已经沦陷，那里的三所名校——清华大学、北京大学、南开大学都迁到了昆明，合并成立了一个新的学府——国立西南联合大学。

这一年，钱钟书二十八岁，成了国立西南联合大学外文系的教授。说是国立西南联合大学，其实外文系的教师们基本上都是他在清华大学时的老师，就这样，他成了清华大学最年轻的教授之一，而且是很受欢迎的年轻教授。

国立西南联合大学的学生中，几乎没有人不知道他这个从不听课却总考第一的“清华才子”，来一睹他风采的学生更是不在少数。课堂上，他是如此年轻，还带着几分学生模样，但却总能将平淡无奇的课文讲活，那谈笑风生、魅力四射的模样，轻易俘虏了学生的心。

大概想要显得老成些，他身穿藏青色西服，脚蹬黑色皮鞋，脸上还挂着一副黑框大眼镜。只是他毕竟年轻，藏在镜片后面深邃的目光，总是在不经意间带出一丝神秘感。

在国立西南联合大学，他开了“欧洲文艺复兴”、“当代西方文学”和“大一英文”三门课。其中，“大一英文”是不分院系的必修课，慕名而来的学生很多。

他不像叶公超先生那样说很多中文、很少英文，也不像吴宓先生那样缺乏感染力。他只说英文，不讲中文，只讲课，不提问，偶尔还冒出些幽默十足的经典语句。

当学校放《罗密欧与朱丽叶》的电影时，他便微笑着对同学们说：“有些人看了电影，男的想做罗密欧，女的想做朱丽叶。”当解释“怀疑主义”的意思时，他又言简意赅地说：“一切都是问号，没有句号。”这便是他的魅力，妙语连珠，却又恰到好处地为同学们拨开迷雾。一位叫作许渊冲的学生，直说他“语不惊人死不休”。

“欧洲文艺复兴”和“当代西方文学”是高年级的选修课，修过他课的学生有许渊冲、许国璋、杨周翰、周珏良等，后来皆成为了国内颇具造诣的学者和翻译家。其中，只比他小五岁的许国璋如是评价他：“钱师，中国之大儒，近世之通人也。”

许国璋还说：“钱师讲课，从不满足于讲史实、析名作。凡具体之事，概括带过，而致力于理出思想脉络，所讲文学史，实是思想史。师讲课，必写出讲稿，但堂上绝不翻阅，既词句洒脱，敷陈自如，又禁邪制放，无取冗长。学生听到会神处，往往停笔默记，盖一次讲课，即是一篇好文章，一次美的感受。”

远赴欧洲留学的三年，他心无旁骛，充盈自己的学识和人格魅力。时过经年，他成了教授，更具才子的耀眼光环。

除了教书，他还是《牛津大学东方哲学、宗教、艺术丛书》的特约编辑，也在学校的刊物《今日评论》上发表了不少“冷屋随笔”。只是他轻狂依旧，言谈并不顾忌世故人情，文章包含着许多对可憎社会现象的批评，对文坛那些庸俗丑恶的现象，更是毫不留情地大加讽刺，看得大学生们无不拍手叫好。

年少轻狂，他的口无遮拦不经意间便得罪了许多喜欢“对号入座”的人。而他的学问渊博，上课不错，乃至受学生欢迎，也遭到了有心人士的嫉妒，他成了众矢之的，大受排挤。

在他心里，文学应该是纯粹的，他不愿将文学的研究变得钩心斗角、小心翼翼。大抵天妒英才，所以在给他才气的同时，还给了他轻狂，给了他固执的脾性。

他在国立西南联合大学只待了不到一年的时间，国立西南联合大学并不打算在下个学年聘请他，他或许听到了风声，也或许忍受不了别人处处的针对，便在一九三九年夏辞了教职，乐得一身清闲。更何况，此处不留爷，自有留爷处，父亲任职的湖南蓝田镇的国立师范大学正邀他前去筹建外文系。

相传他离开学校时，曾公开说："西南联大的外文系根本不行，叶公超太懒，吴宓太笨，陈福田太俗。"这能是真的吗？他虽然轻狂，但人身攻击自是不屑做的，就算他真的说过这样的话，也只是玩笑之言，他"语不惊人死不休"的幽默劲还有人不知道吗？

他和叶公超先生的梁子便在这时候结下了，不知是因他风头太劲，还是叶公超怕他威胁到自己，不打算继续聘任钱钟书的意见便是他和陈福田一同发给校长的。后来，叶公超接受采访时，还说过不记得钱钟书曾在国立西南联合大学教过书一类的言语。

清华大学的教授，真心爱惜他的人大抵也就吴宓一个了吧。当这位宽厚仁慈的长者知道钱钟书因为排挤而辞职，很是惋惜，并亲自向外文系主任陈福田提议重新聘请他，陈福田当然没有同意，连校长梅贻琦聘请钱钟书来清华大学的电报也被有心人藏了起来。

吴宓对此很是气愤，大声斥责"皆妇妾之道也"。他和陈寅恪一同为此事呼吁奔走，但都无果，他痛心疾首地叹曰："终憾人之度量不广，各存学校之町畦，不重人才。"

只是他没有放弃。一九四一年年底，当陈福田请教授商议系里事物，吴宓再次提出请钱钟书回校任教，虽然有些妒才之人依旧反对，但这次通过了，吴宓的奔走终于换来了一个说法。

不久，陈福田便亲自去上海聘请钱钟书。钱钟书拒绝了，他虽然感念吴宓先生对自己的厚爱，但终究不想在这样复杂的人事间浮沉。对此，杨绛曾如是写道："既然不受欢迎，何苦挨上去自讨没趣呢？钟书这一辈子受到的排挤不算少，他从不和对方争执，总乖乖地退让。他客客气气地辞谢了聘请，陈福田完成任务就走了，他们没谈几句话。"

辞职后，钱钟书只觉一身轻松，他回到妻子女儿身边，度过了一段惬意无比的休假。

在上海，钱家住辣斐德路，杨家居霞飞路来德坊，两家离得很近。钱钟书没回来前，由于钱家已经住满，杨绛便与父亲同住，但常常带着阿圆去钱家"做媳妇"。钟书回来后，便同妻子女儿一起住在岳父家，早晨起来再回钱家。

苏州沦陷后，杨绛的母校振华女中也散了，许多学生都避难到了上海，于是校长便想要在这里筹建分校。当她听说杨绛归国了，便拉她帮忙，还硬派她当分校校长，大抵怕她不肯，还请一位叫作孟宪承的先生到教育局立了案。

当时，杨绛还在广东的一名富商家做家庭教师，所以颇为忙碌。

虽然劳累些，但杨绛心里颇为满足。母亲是她终生的遗憾，可如今她回来了，伴在父亲身边，也不失为一种安慰。父亲已慢慢走出阴霾，剃了长须，戒了安眠药，神色也渐渐清朗起来，只是他依然放不下，那还未妥当安葬的亡妻。

他为妻子买下了灵岩山的一块墓地，并乔装打扮成乡下人的模样去香山寻回了妻子的棺木。转眼时间已到了一九三九年秋，杨家的小儿子也自国外归来，于是他便带着自家的一干儿女回了苏州，他要在一家团圆时，重新安葬自己的亡妻。

阔别多年，她总算又回到了苏州老家。只是这里早就不复旧时模样，她记忆中花木掩映的优美庭院，早就荒废在丛生的枯枝藤蔓间，她梦里的长廊朱栏，也早就褪了色彩惹了斑驳，而那些古玩玉器、珍贵书画，更是被洗劫一空。

她不敢相信，这荒草丛生、一片狼藉的庭院，便是自己在百转千回时想要归去的地方。唏！时间是无情的杀猪刀，战争是残忍的刽子手。她突然想起钟书在昆明时寄给她的那首诗："苦爱君家好巷坊，无多岁月已沧桑。绿槐恰在朱栏外，想发浓荫覆旧房。"

他们去了公墓的礼堂，为母亲送去一份迟到的道别。走进礼堂，看着那摆放着的黑漆漆的棺木，杨绛的心止不住地抽搐。记忆中母亲的一颦一笑还在脑海不断盘旋，那么真实，只是再也无法触摸，她用手绢擦拭着棺木上的灰尘，终于泣不成声。

她们姐妹跪在坟前，看一筐筐石灰掩住棺木，尘封过往。逝者已逝，这是最后的告别，活着的人们还有很漫长的人生路，需要用爱支撑着走下去。

人生在世，总迈不过一个"情"字。亲情、爱情、友情，终究是要交用真心交换。其实，人生最大的圆满，莫过于一家人和和美美地生活在一起。

一个人的蓝田

远离那些尔虞我诈的排挤不屑，钱钟书的身心变得格外舒畅。难得浮生几日闲，回到沪上家中，饮一杯茶，看一本书，逗逗可爱的女儿，日子便欢愉起来。

在爱人面前，他依旧是童心未泯的孩童，不是给妻子画个花脸，便是在女儿肚皮上创作，还每晚和女儿玩“猫鼠共跳踉”的游戏……只是休憩过后，他还要重新出发。

下一站，蓝田。

一九三九年十一月，他与徐燕谋、邹文海等几个人一同赶赴位于湖南宝庆的蓝田镇。他们先买了从上海到宁波的船票，然后途经金华、宁都、宁兴、庐陵等地。一路上，他们跋山涉水，舟车劳顿，才来到了蓝田的门前。

在渡船上，他看着两岸倒退的高山美景，不禁思念起已经两岁多的女儿，回国后，自己缺失了太多她的成长瞬间，他多想伴着她，见证她的每一份童真。只是他并不知道，还不懂得思念的女儿，早就把这个在渡船上渐行渐远的父亲抛在脑后了。

经过一天多的航行，他们到了宁波郊区。下了船，天已渐晚，他们便乘黄包车赶路，却又遇到了大雨，他们只得在近处的一家小旅馆，听夜雨凄迷。

不过还好，风雨过后，总有美景浮现。第二日，当他们出门时，赫然看到青翠欲滴的雪窦山，他们一拍即合，决定乘兴游山。或许，老天便是为了让他们一睹这名山胜景，才让他们滞留此地。

雨后山林，空气清新，鸟鸣绕谷，还有那颇具盛名的雪窦寺，钱钟书不禁诗兴大发，作了《游雪窦山》组诗五首，其中一首如是云：

山容太古静，而中藏瀑布。
不舍昼夜流，得雨势更怒。
辛酸亦有泪，贮胸肯倾吐。
略似此山然，外勿改其度。
相契默无言，远役喜一晤。
微恨多游踪，藏焉未为固。
衷曲莫浪陈，悠悠彼行路。
天教看山来，强颜聊自诩。

他们在宁波待了两天，便又踏上征程。一行几人，他们先乘汽船，再坐黄包车，足足赶了一天路，才到了金华，没想到的是，他们在金华足足滞留了一个礼拜。

兵荒马乱的年代，哪里都人心惶惶，出门哪还有顺利可言。漫漫长路，颠簸无常，以后的每一站，他们都会耽误几天，不是买不到票，就是等托运的行李。同行的徐燕谋因此还作了诗，生动地描绘了当时的所见所感。

一路萧条景，他们看着沿途荆棘丛生的田野，看着荒无人烟的村落，看着四处逃窜的人流，不禁心生愤慨。

“十里断炊烟，荆棘未剪伐”，因为日军的侵略战争，曾经广袤的浙赣一带，处处民不聊生。

而他们，也是狼狈的。

当他们舟车劳顿到达庐陵时，身上已经盘缠全无，好歹凑成几个铜板买了些烤山芋，几个堂堂大学教授再顾不上形象，在街头墙角，背过身去大快朵颐。

幸好遇到了一位好心的旅馆主人，不仅请他们吃鸡，还让他们免费住店。出门在外，他们再没有挑剔的权利，吃过饭，便和衣躺在简陋的旅店休息。斗室之中，跳蚤横飞，他们夜不能寐，只能听着外面的凄风苦雨，挨到天明。

后来，钱钟书回忆说：“军兴而后，余往返浙、赣、湘、桂、滇、黔间……形羸乃供蚤饱，肠饥不避蝇余。”

山一程，水一程，他向蓝田那边行。

虽然跋山涉水，颠簸困顿，但他依然手不释卷，不时翻阅英文字典。同行的邹文海见后大为称奇，钱钟书解释说：“字典是旅途中的良伴，上次去英国时，轮船上唯有约翰生博士的字典随身相伴，深得读字典的乐趣，现在已养成习惯。”

邹文海摇摇头说：“我最厌字典，看书时宁肯望文生义地胡猜，也不愿费时去查字典。”

对此，钟书正色回答：“你这种不求甚解的态度不能用之于精读，而且旅途中不能做有系统的研究，唯有随翻随玩，遇到生冷的字固然可以多记几个字的用法。更可喜者，前人所著字典，常常记载旧时口语，表现旧时习俗，趣味之深有不足为外人道者。”

这是钟书的独特爱好，一直坚持到老。他不仅能挨着字母逐条阅览，还能把新版本上的新条目补充到旧书之上，而他那本二十世纪四十年代的《简明牛津字典》上，更是写满密密麻麻的批注。

三十几天，他穿越了千山万水，终于来到了蓝田小镇。没有丝毫停留，他便投入了湖南蓝田国立师范学院外文系的筹建之中，不但担任系主任，还开设了几门课程。

他是外文系系主任，他的父亲是中文系系主任。这一次，他不仅同父亲共执一校，并且职务相当，简直可以说是民国教育史上的传奇。他知识渊博，讲课生动，是当时赫赫有名的教授，大有超越乃翁之意。

据一位听者记载，钱钟书在课堂上谈起父亲时，曾说“家父读的书太少”。而钱基博老先生也丝毫不以为意，还坦言道：“他说得对，我是没有他读的书多。首先，他懂得好几种外文，我却只能看林琴南译的《茶花女遗事》；其次，就是中国的古书，他也读得比我多。”

在蓝田国立师范学院，他还算悠闲。每日授课之余，不是练练字，便是读读书，还会在午饭和晚饭后，去父亲那里聊聊天。蓝田是个小地方，并没有什么娱乐消遣，于是，听他“侃大山”便成了同事们最大的趣事。后来，钱父的助教吴忠匡如是回忆说：“晚饭以后，三五好友，往往聚拢到一处，听钟书纵谈上下古今，他才思敏捷，富于灵感，又具有非凡的记忆力和尖锐的幽默感。每到这一刻，钟书总是显得容颜焕发，光彩照人，口若悬河，滔滔不绝……听钱钟书的清谈，这在当时当地是一种最大的享受，我们尽情地吞噬和分享他丰富的知识。”

从很小的时候，他便拥有让人着迷的力量，能够绘声绘色地说故事。如今，走过那么远的路，看过那么多的小说，他有满腹的逸闻逸事，可供大家玩乐享受。

有一次，钱钟书同吴忠匡一起去徐燕谋在校外的寓所，当时恰有几个同事在座，便围上来请他说故事。当时的钟书也很有兴致，便说起文人才子的奇闻逸事。只见他戴着礼帽，拿着手杖，将一个个故事娓娓道来，说到兴处，还手舞足蹈，不能自已。

这一讲，便是两小时。当他兴尽告辞时，突然发现自己把徐燕谋的蚊帐戳了几个大窟窿，赶紧拉着吴忠匡溜之大吉了。但听他故事的诸位，竟然没有一个人发现不妥，可见他的故事多么引人入胜了！

其中一位听他说故事的人，如是评价说：“钟书非常健谈，锋芒所指，鞭辟入里，汪洋恣肆，趣味盎然；听他一席话，胜读十年书，真可谓人生一乐。”

有人说，蓝田没有娱乐消遣，日子颇为刻板单调。其实对钱钟书来说，只要有馆藏丰富的图书馆，无论在哪都是趣味横生的。虽然蓝田国立师范学院地处偏僻小镇，但因着“国立”二字，学校的资金颇为充裕，也打造了颇具规模的藏书。

于是，无论是午后还是睡前，他都会博览图书馆的那些书籍，还边看边做笔记。冬日的蓝田颇为寒冷，他便用木炭生火，点着桐油灯读到深夜。

当然，除了阅读，一定少不了创作，其中包括大量的旧体诗。事实上，这段日子，是他旧体诗创作的高峰期。忧患出人才，他亲眼看着日本人明目张胆地侵略，看着一座座大城市沦陷，看着一座座高校迁到穷乡僻壤间，自然内心颇为苦闷，便作诗以抒怀：

昔游睡起理残梦，春事阴成表晚花。
忧患遍均安得外，欢娱分减已为奢。
宾筵落落冰投炭，讲肆悠悠饭煮沙。
笔砚犹堪驱使在，姑容涂抹答年华。

身处乱世，欢愉只是表面的，内心蠢蠢欲动的伤世情怀，是掩盖不住的。有人说，江山的不幸成全了他的诗歌，或许吧，诗歌本就是抒发情绪的利器，他只是写下自己的内心而已。

读万卷书，行万里路，他的诗歌，脱掉了为赋新词强说愁的稚气，变得沉郁广博，独具一番风韵。他说：“归国以来，一变旧格，炼意炼格，尤所经意。”这段时间是他创作的成熟期，不仅写出最多的诗歌，也写出最好的诗歌。

他的诗，一如他的学问，汇集众家所长，不仅具有杜甫的沉郁、孟郊的瘦寒、黄庭坚的深辟、杨万里的清新，乃至黄仲则的自然，皆兼而有之。并且，他的诗，句句有出处，字字有来历，驱典隶事，抒情说理，皆恰到好处。

他的《谈艺录》，也是在这里开始写的。全书他耗时三年有余，用札记那般零散多变的方式，完成了中国最后一部集传统诗话之大成的巨作，创下中国诗话之里程碑。

开篇序言，他开宗明义地说："《谈艺录》一卷，虽赏析之作，实忧患之书也。予侍亲率眷，兵罅偷生。如危幕之燕巢，同枯槐之蚁聚。忧天降压，避地无之，虽欲出门西向笑而不敢也……"

写于忧患间，字里行间便少不了忧患之词。在这里，他用极为粗糙的毛边纸书写，每晚写一章，两三天后又在原稿上不断修订补充，不几日，毛边纸上便被填写得密密麻麻。

陶渊明、李长吉、梅圣俞、杨万里……他每写一篇，便交给几位友人品读，吴忠匡、徐燕谋等人都保有录本。而他离开蓝田时，还将已完成过半的初稿奋力誊清一遍，然后将原稿付忠匡藏之。

他在蓝田待了两年，每一日都是尽心尽职。外文系的教师不多，他这个系主任便亲自上阵，育人不倦，教大一英语的老师生病请假，他也帮忙代课，并且一代就是几个月。

一九四一年暑假，他乘游轮辗转回了上海，准备小住后再回学校。只是偏偏不巧，"珍珠港事件"爆发了，他沦陷在了上海这座孤岛间，再没有办法回蓝田国立师范学院任职。

他是传奇，到哪里都具有传奇的魅力。在这座偏远小城，他赤手空拳，打造出一个颇具内涵的外文系，也打磨出一个全新的自己。

他成就了一个人的蓝田。

卷五

Chapter · C5

直面人生：梦想与现实间拉扯

他们一生只有阿圆一个女儿，也只有这么一个小小的三口之家。他们三个人，一个痴，一个闹，一个记录。嬉笑怒骂间，一个个琐碎却温情的片段，就这样在杨绛朴实的文字间升华。

其实，幸福就在这琐碎生活间。不经意间，这平平淡淡的幸福便写满稿子，守在记忆深处。一所房子，面朝大海，春暖花开。说到底，海子想要的，便是如钱钟书、杨绛这般平淡却温情的幸福。

最惆怅的雨季里

钱钟书回来了，杨绛带着女儿迫不及待地去码头相迎。时别两年，思念如断了线的风筝，在心头横冲直撞，只是真的相见时，又心疼得差点哭出声来。

杨绛回忆说："钟书面目黧黑，头发也太长了，穿一件夏布长衫，式样很土，布也很粗。"在那个地处偏僻的蓝田小镇，他这个毛手毛脚的大男人，压根儿不会照顾自己，又黑又糙的模样，女儿阿圆狐疑着，只当他是陌生人。

钱钟书下船，递给阿圆一个外国橘子。这个站在母亲身边怯怯打量父亲的女儿，接过后便转交给了妈妈。两年不见，她已经忘了父亲的模样，当钟书把行李放在妻子床边，不放心的阿圆便在一旁猜疑地监视着……

晚饭后，忍耐不住的阿圆发话了，她要赶他出去："这是我的妈妈，你的妈妈在那边。"

钟书笑了，很"窝囊"地说："我倒问问你，是我先认识你妈妈，还是你先认识？”

“自然是我先认识，我一生出来就认识，你是长大了认识的。”阿圆理所当然地说。

真可谓童言无忌，杨绛听了后，只觉惊奇，便把她的话原原本本地记住了。钱钟书也被逗乐了，他煞有介事地在女儿耳边说了句悄悄话，一下子赢得了女儿的友谊，连杨绛也有些嫉妒，如是说：“圆圆始终和爸爸最‘哥们’！”

只是没人知道钟书和女儿说了什么话，连杨绛也不知道。晚年时分，她不无伤感地说：“钟书说的什么话，我当时没问，以后也没想到问，现在已没人可问……我们三个人中间，我是最笨的一个……我猜不出来，只好存疑，只好永远是个谜了。”

他们一起淘气，一起玩笑，一起吵闹。钟书回来后，这个曾经在母亲身边的乖乖女，霎时便不乖了，与这个童心未泯的大男人闹成一团。她那时刚满四岁，正是孩子天性，来了一个淘气玩耍的伴儿，自然从乖乖女的禁锢中解放出来。

钟书回来后，他们并没有觅到好的处所，只得暂时挤住在辣斐德路钱家楼下的客堂中。那时他们不知道，这一住，竟是八年。

一九四一年十二月，上海沦陷，他们被困沦陷区，钱钟书的工作也没了着落，还是岳父将自己在震旦女子文理学院的诗经课程给他去教，才勉强糊了口。

时局动荡，他们的生活凄苦萧瑟。振华女中分校停办了，杨绛失了工作，只得一边当家庭教师，一边在小学做代课老师，说到底，不过为了那每月的三斗米。

他们的家在法租界内，而杨绛代课的小学在公共租界，相距甚远。每日，杨绛都要乘车到法租界边缘，再乘坐公共租界的有轨电车。刚开始，当有轨电车过苏州河大桥时，车上的乘客要排队过桥，还要向驻扎的日本兵行鞠躬礼，而她不愿向侵略者鞠躬，便低着头混过去。

后来，乘客不再下车，日本兵会在桥头处上车检查。每次日本兵一上来，车内马上肃静，全体乘客立即起立等待检查。有一次，杨绛起立晚了些，一个日本兵瞪着她，挑衅地用食指猛抬她的下颌。

巾帼不让须眉，只见我们可爱的杨女士也怒目相向，不甘示弱地大声斥道："岂有此理！"

小伙伴们都惊呆了，本就静默的车厢更是寂静得可怕。不知过了多久，那个日本兵转身走了，笨重的军靴发出沉闷的声响。电车开走后，车内刹时炸开了锅，她身旁吓呆的同事抚着胸脯说："啊唷！啊唷！侬吓杀吾来！侬哪能格？侬发痴啦？"

后知后觉的杨绛，这时也惊出一身冷汗。她暗自庆幸自己没有惹下大祸，以后她宁愿绕道而行，也不愿被日本人如此羞辱。

困居上海，这是最惆怅的雨季。在日军无所顾忌的欺凌下，杨绛四处奔波代课，钟书也兼做补习老师，但得到的薪水却少得可怜，只够勉强度日。

不能手提天下往，何忍身去游其间。在这凄苦窘迫的困顿日子里，钱钟书看着国土沦丧，百姓遭受蹂躏，不禁忧虑抑郁。他忧愤深广，奈何无力杀敌报国，只得书写一篇篇感时伤世的诗篇。

赢得儿童尽笑欢，盈盈露洗挂云端。
一生几见当头满，四野哀嗷彻骨寒。
楼宇难归风孰借，山河普照影差完。
归时碧海青天月，触绪年来未忍看。

这是他当时颇具代表性的《中秋夜月》。中秋之夜，明月高照，本是万家灯火团圆时，但多少背井离乡的人们，只能在四野哀号间顾影自怜。国破山河在，恨别鸟惊心，这碧海青天，怎忍探看？

他这时的诗，格律工细，沉郁悲痛，风格最近诗圣杜甫。如果说，杜甫的颠沛流离成就了他的现实主义诗歌，那么，在日本军国主义的铁蹄下，那些不堪闻见的一幕幕，也算造就了钱钟书这个笔杆英雄。

故国同谁话劫灰，偷生坯户待惊雷。
壮图虚说黄龙捣，恶谶真看白雁来。
骨尽踏街随地痛，泪倾涨海接天哀。
伤时浑托伤春惯，怀抱明年倘好开。

日军的入侵越来越猖狂跋扈，国民党的军队却不思抗日，节节退让，使收复沦陷区的希望化为一堆泡影。钱钟书反用岳飞“直捣黄龙”的典故，又取杜甫“旧国霜前白雁来”之意，表现家国堪忧的状况。

倍还春色渺无凭，乱里偏惊易岁勤。
一世老添非我独，百端忧集有谁分。
焦芽心境参摩诘，枯树生机感仲文。
豪气聊留供自暖，吴箫燕筑断知闻。

此情此景，一切都是如此触目惊心，但他这样手无缚鸡之力的学者，更待如何？不过是写几首伤怀诗，讽刺一下时事。思垂空文以自见，他闭门著书，却又如履薄冰，柯灵被捕了，李健吾被捕了，是不是哪一天就会轮到自己？

一九四五年四月，家中突然闯进来两个日本宪兵，那时钱钟书在上课，只余柔弱的杨绛在家。还好杨绛很是机警，冷静地请日本兵坐下，自己则借沏茶的机会，将钱钟书的《谈艺录》手稿藏到半楼梯上的亭子间，又悄悄差人告诉钱钟书先别回家。

做妥一切后，她端着茶水回到厅堂，客客气气且不卑不亢地应付着日本人，最后他们只带走了杨绛的通讯录外加一沓剪报而已。也正因为妻子智敏的保护，他珍贵的手稿才躲过了盘查损毁。

一九四一年年底，他的散文随笔集《写在人生边上》出版了，书中选录了他在国立西南联合大学时所做的十篇“冷屋随笔”。一本薄薄的散文集，是妻子帮他收拾编选，并交给陈麟瑞及李健吾审阅的。他在序上如是写道：“人生据说是一部大书。假使人生真是这样，那么，我们一大半作者只能算是书评家，具有书评家的本领，无须看得几页书，议论早已发了一大堆，书评一篇写完交卷。”

他还说："假使人生是一部大书，那么，下面的几篇散文只能算是写在人生边上的。"人生是一部大书，他不慌不忙地浏览，乐在其中，每每有什么意见，还随手在空白处写上批注。

那段日子，他还一口气写了四个短篇小说《上帝的梦》、《猫》、《灵感》、《纪念》，并定名《人·兽·鬼》以待结集出版。他是学者，是诗人，也是作家，这本短篇小说集，充满浓郁书卷气息，犀利诙谐，别具风采，是他首试小说的独到成就。

他在序上诙谐幽默地写道："我特此声明：书里的人物情事都是凭空臆造的。不但人是安分守法的良民，兽是驯服的家兽，而且鬼也并非没管束的野鬼；他们都只在本书范围里生活，绝不越轨溜出书外。"

在这最惆怅的雨季，在这受日伪控制的上海文坛，处处都是陷阱深渊，稍有不慎，便会招来日本宪兵的搜查拷打。为讨生活，文人不得不卖文为生，但他也不得不韬光养晦，谨慎待之，坐等河清海晏时。

当然，在这困顿的时候，杨绛也没有闲着。事实上，这时的她比钱钟书更具名气。

一九四二年，在陈麟瑞和李健吾两位著名剧作家的鼓励影响下，她初试牛刀，创作出珠联璧合的两部喜剧——《称心如意》和《弄真成假》，一时间叫好不止。

文如其人，她的剧作自然平实，自然而然地流露出浓郁的幽默感，她善于同笔下人物开玩笑，但又不失温柔敦厚的本色。李健吾如是说："杨绛不是那种飞扬躁厉的作家，正相反，她有缄默的智慧。她是一位勤劳的贤淑的夫人，白皙皙的……唯其有清净的优美的女性的敏感，临到刻画社会人物，她才独具慧眼，把线条勾描得十二分匀称。一切在情在理，一切平易自然，而韵味尽在个中矣。”

处在沦陷后的上海，她的喜剧给了人们宣泄苦闷郁结的空间。她说：“如果说，沦陷在日寇铁蹄下的老百姓，不妥协、不屈服就算反抗，不愁苦、不丧气就算坚强，那么，这两个戏剧里的几声笑，也算表示我们在漫漫长夜的黑暗里始终没有丧失信心，在艰苦生活里始终保持着乐观的精神。”

这是她的喜剧，空际传神，栩栩如生。她用幽默的笔触，将乐观洒向人间，也正是这份幽默与乐观，让她一夜之间从季康女士变成了家喻户晓的杨绛先生。

直面现实，梦想与现实拉扯。最惆怅的雨季里，虽然漫长萧瑟，但还是要乐观相对，严肃思考。

孕育围城

这世间，谁是谁的回眸，谁是谁的邂逅。他们郎才女貌，他们天造地设，他们情投意合，他们如胶似漆，他们是文坛伉俪，如李清照、赵明诚那般，只羡鸳鸯不羡仙。

在给杨绛的诗里，钱钟书曾如是写道："自笑争名文士习，厌闻清照与明诚。"李清照是婉约派的才女，诗作俱佳，赵明诚是学问家，但才气略输清照。不服气的男子，闭门谢客，一口气写下五十首词，要与妻子一较高下。

自古以来，文士争名，赵明诚如此，钱钟书也不例外。一次，他们去看杨绛的戏剧《弄真成假》，幕布拉下，吹拉弹唱，一个动作，一句台词，呈现的都是妻子无穷的诙谐与智慧。

曲终散场时，钱钟书对杨绛说："我想写一部长篇小说。"他是骄傲的，因为有杨绛这样才华横溢的妻子，他也是沸腾的，如赵明诚那般，想要用笔杆书写一篇空前绝后的故事，征服妻子，征服世间。

他向妻子说了整体设想，包括小说的名字和主要情节内容。杨绛听了，很是高兴，频频催他动笔。那时钱钟书正在写短篇小说，还要修改《谈艺录》，压根没有时间写长篇小说。对此，杨绛还让他减少授课时间专心写作。

杨绛说："我们的生活很省俭，还可以更省俭。"她辞掉了女佣，劈柴、生火、烧饭、洗衣等样样自己来，虽然经常让油烟熏成花脸，弄得满眼是泪，虽然还会切破手指或者被滚油烫伤，但为了支持丈夫写作，她心甘情愿。

她是爱人，是知音，懂得他所思所想。在这四月芳菲间，她比钟书更期盼《围城》的诞生。

一九四四年，他动笔了，一写便是两年。在这忧世伤生的岁月里，他笔耕不辍，终于完成了史上一大力作——《围城》。这是钱钟书的第一部长篇小说，也是唯一一部。

在序言里，钱钟书如是说："这本书整整写了两年。两年里忧世伤生，屡想中止。由于杨绛女士不断地督促，替我挡下了许多事，省出时间来，得以锱铢积累地写完。照理这本书该献给她。"

他是"锱铢积累"写完的，而杨绛也是在"锱铢积累"下读完的。每天晚上，他都会把写完的稿子拿给妻子看，然后急切地瞧她的反应。杨绛笑，他也笑，杨绛大笑，他也大笑。对此，杨绛回忆说："有时我放下稿子，和他相对大笑，因为笑的不仅是书上的事，还有书外的事。我不用说明笑什么，反正彼此心照不宣。然后他就告诉我下一段打算写什么，我就急切地等着看他怎么写。他平均每天写五百字左右。他给我看的是定稿，不再改动。"

一生一世一双人，他们是恩爱夫妻，琴瑟和谐，怎能读不懂与现实的链接?

杨绛说：“钟书从他熟悉的时代、熟悉的地方、熟悉的社会阶层取材。但组成故事的人物和情节全属虚构。尽管某几个角色稍有真人的影子，事情都子虚乌有；某些情节略具真实，人物却全是捏造的。”

好的作家，都善于从生活中汲取素材，但又高于生活。而好的作品，不是浪漫的纪实，而是写实的虚构。真真假假，虚虚实实，读起来却又好像真有其事，实有其人，这便是钱钟书的功力。

在钱钟书笔下，故事的主人翁方鸿渐是一个性格善良，却颇有几分浪荡的公子哥儿。他口才好，有些小聪明，却又不学无术……他不敢反抗父亲的包办婚姻，抵不住鲍小姐的肉体诱惑，却又在学校备受排挤……

有些爱考据的先生，总是将方鸿渐当成钱钟书的化身，当看到方鸿渐是无锡人，留过洋，在上海住过，还在内地教过书，便想当然地认为他便是书外的钱钟书。更可笑的是，他们还“有根有据”地推断钱钟书的学位也靠不住!

据杨绛记载，方鸿渐当然不是钱钟书，他们不过都是无锡人而已，人生经历是远不相同的。事实上，方鸿渐取材于他们的两个亲戚，“一个志大才疏，常满腹牢骚；一个狂妄自大，爱自吹自唱”，但他们看过后，都不认为自己是方鸿渐，因为他们并没有那般的经历。

自然，那个同方鸿渐共同走进围城的孙柔嘉也并不是杨绛。孙小姐与方鸿渐同去湖南教书，又同回上海，这是杨绛同钱钟书不曾干过的。

杨绛说："相识的女人中间（包括我自己），没一个和她相貌相似，但和她稍多接触，就发现她原来是我们这个圈子里最寻常可见的。她受过高等教育，没什么特长，可也不笨；不是美人，可也不丑；没什么兴趣，却有自己的主张。"

方鸿渐与孙柔嘉，是芸芸知识分子中典型的一对夫妻。他们无关爱情，却又互相需要，正如杨绛精辟的评价，孙柔嘉"最大的成功是嫁了一个方鸿渐，最大的失败也是嫁了一个方鸿渐"。

小说是夸大的艺术，具有强烈的张力。婚姻是一个大的课题，爱或不爱，甘愿牺牲多少自由走进围城。钱钟书借方鸿渐和孙柔嘉现实的点点滴滴以诠释"结婚如身陷围城的意义"，他说，婚姻是一座围城，外面的人想进来，里面的人想出去。

也有人说，方鸿渐的父亲方遯翁便是钱钟书的父亲。这也不尽然，十个封建家长九个都是这样的，杨绛笑谈："如说方遯翁有二三分像他父亲，那么，更有四五分是像他叔父，还有几分是捏造，因为亲友间常见到这类的封建家长。"

还有许多的场景，他都直接取自生活所见所闻。方鸿渐在回国船上的情形，什么法国警官与犹太女人调情，什么中国留学生打麻将，皆同他们在法国阿朵上2号邮轮的所见所闻相似。而方鸿渐一行五人由上海至三闾大学旅途见闻，则是钱钟书去蓝田一路的翻版，只是现实的五个人，没有一个同小说是相似的。

《围城》是一部充满哲理的爱情小说，也是一部愤世嫉俗的讽刺小说。钱钟书用诙谐幽默的笔触，造就妙语连珠的喜剧哲理，总让人在哈哈大笑之余，不免愣神沉思。

他在书中如是写道："一个人的缺点正像猴子的尾巴，猴子蹲在地面的时候，尾巴是看不见的，直到它向树上爬，就把后部供大众瞻仰，可是，这红臀长尾巴本来就有，并非地位爬高了的新标识。"

这就是钱钟书，刻薄中透出无穷智慧。在书中，几乎每个人都是舞台剧的跳梁小丑，让我等俗子看得热火朝天。有人说，他的许多比喻，都是神来之笔，毫不相干的两样事物被钱钟书的笔一牵连，反倒显得恰到好处，细细琢磨一下又让人有种发现新大陆的新奇和惊喜。

孙小姐长圆脸，旧象牙色的颧颊上微有雀斑，两眼分得大开，使她常常带着惊异的表情；打扮甚为素净，怕生得一句话也不敢讲，脸上滚滚不断红晕。

这是钱钟书对孙柔嘉的外貌刻画，如此巧妙，如此传神。他的语言，从来都是一流的，他善于将古今中外妙语连珠的文字，转换成自己的奇思妙想却又恰如其分的比喻。

当他描写鲍小姐的性感，穿衣清凉，便从侧面写道："那些男学生看得心头起火，口角流水，背着鲍小姐说笑个不停。有人叫她'熟肉铺子'，因为只有熟食店会把那许多颜色暖热的肉公开陈列；又有人叫她'真理'，因为据说'真理'是赤裸裸的。"

据统计，《围城》一书中共有七百多条比喻，条条经典，不落俗套，他的语言，幽默精警，发人深省。

他写一纸留学文凭，"仿佛有亚当、夏娃下身那片树叶的功用，可以遮羞包丑"，他写韩学愈骗了爱尔兰人的文凭，又蒙过方鸿渐这个骗子这事，“也许是中国自有外交或订商约以来唯一的胜利”，而他写日军侵略中国，“以后飞机接连光顾，大有绝世佳人一顾倾城、再顾倾国的风度”。

围在城里的想逃出来，

城外的人想冲进去。

对婚姻也罢，职业也罢，

人生的愿望大都如此。

这是钱钟书所勾勒的围城意向。从婚姻到人生万事，看似一成不变的事物，其实都在矛盾冲突中不断转换，爱或不爱，喜欢或讨厌，不过是一念之间的事。

这便是《围城》，这便是钱钟书的智慧。夏志清说：“《围城》是中国近代文学中最有趣和最用心经营的小说，可能亦是最伟大的一部……它的喜剧气氛和悲剧意识，我们可以肯定地说，对未来时代的中国读者，这将是民国时代的小说中最受他们喜爱的作品。”

一九四六年二月，《围城》走入大众的视线，开始在《文艺复兴》杂志上连载，在上海这座沦陷后的孤岛上，引起了很大反响。

一九四七年五月，上海晨光出版公司出版了《围城》单行本，一时间畅销不衰，分别在一九四八年九月和一九四九年三月进行了再版印刷。

人生难免起伏，更奈何书如其人，钱钟书先生的一生，可谓大起大落，做过受人景仰的才子学者，也进过牛棚挨过批斗。《围城》亦然，曾在解放时期的文艺界大受冷落，但柳暗花明后，它又绽放出耀眼的光辉。

只是一切都是后话了，懂得之人，自会欣赏钱钟书睿智的诙谐。

生命中必然面对的失去

一叶落而知秋，一帘雨且怀人。多少锦瑟文字，写尽离愁别绪，多少浅吟低唱，叙尽人间衷肠，世间总有些失去，我们无能为力。

说不尽相思地，补不完离恨天，灰暗的日子，掠过窒闷的空间，走向季节的轮回。有人叹息，浮生若斯，人生要经过多少痛苦的磨难才能更加练达而灿烂呢？

困居上海时，他们生活窘迫艰辛，思想痛苦忧伤。一介女子，她用自己柔弱的肩膀，挑起了家庭的重担，让丈夫可以在艰难困苦中著述不辍。她是乐观的，拥有最深沉的爱和最博大的胸怀，对父母、姐妹、丈夫，乃至万物苍生。

只是时间太瘦，指缝太宽，她给得起情怀，却给不了永生。

孤岛沦陷时，父亲把震旦大学授课的钟点给了钱钟书，自己专心著书。他开心地对杨绛说：“我书题都想定了，就叫《诗骚体韵》。阿季，传给你！”

看着父亲神色飞扬的模样，杨绛的心一片柔软。没能承欢母亲膝下，是她毕生的悔。当她隔着冰冷的棺木黯然啜泣时，当她看到曾经伟岸的父亲泪眼婆娑的模样，不禁暗暗发誓，这毕生的悔，不能在父亲身上重演。

抗日战争胜利前夕，穷凶极恶的日本人又在上海摆起“地毯式轰炸”的架势，父亲便把在震旦女子文理学院读书的小妹妹阿必托付给了杨绛，自己带着大女儿和三女儿回苏州小住。

离开前，父亲对她说：“阿必就托给你了。你们几个，我都可以放心了，就只阿必。不过，她也就要毕业了，马上能够自立了。那一箱古钱，留给她将来做留学费吧，你看怎样？”

离开也好，如今的上海人心惶惶，避一避风头总是好的。只是为何，听着父亲这样看透世事的嘱托，她的心没来由地发慌？

岁月不怜有情人，死亡总是来得太过轻易。一九四五年，她的父亲在苏州突发中风，溘然长逝，享年六十七岁。父亲死了，杨绛只觉自己所有的幸福都被打入冰冷的谷底，她想起了母亲，那痛到骨髓的悲伤，就这样卷土重来，逆流成河。

还是那地方，那大门，那院落，只是再找不回曾经温暖的家。她恓惶地走了进去，那全堂的红木家具早就不知去向，只余空荡荡的大厅和父亲冷冰冰的棺材触目惊心。

棺材的前面搭着白色布幔，布幔下挂着父亲的遗像。看着没有温度的家，她擦擦眼泪，如往常般去厨房泡一盏酽酽的盖碗茶，放在父亲灵前那张不知从何处淘来的破旧小桌上。

在氤氲的茶香间，她终于耐不住悲痛，放声大哭。这是她奉给父亲的最后一盏热茶，只是人走茶凉，她再也看不到父亲喝茶的惬意模样。两行泪，湿衣襟。人世苍茫，她坐在门槛上，只知不住地傻哭，她的姐弟妹妹们也凄然跑来，洒落几瓢清泪。

死亡，是每个人都无法逃脱的命运，他们敬之爱之的父亲，就这般走了，这个家，也这般彻底塌了。死者长已矣，生者常戚戚，他们都在哭泣，哭命运爱捉弄，哭逝者不复在。

几多回忆，几多惆怅。过往无端拉扯，一幕幕，一桩桩，杨绛突然想起父母间一段玩笑似的对话。

母亲说："我死在你头里。"

父亲争着说："我死在你头里。"

母亲想了想，又说："还是让你死在我头里吧，我先死了，你怎么办呢？"

相争的两个人，终究争不过命运。杨绛陷入回忆，这段如此遥远的对话，竟清晰如昨日之事。

吊唁前，有人前来帮忙搭丧棚。看着那些人在梯子上爬来爬去，拿着那团团白布在柱子上绕来绕去，她突然就想到自己结婚那日。同样的人来人往，同样的忙忙碌碌，只是那时缠结的是红绿彩绸，这时是刺痛双眼的素白布幔。

原来，一切变得都是这样快。她不无伤感地说："盛衰的交替，也就是那么一刹那间，我算是亲眼看见了。"

不知何时，人影都消失不见，只余庭院缟素一片。世界静止了，双腿麻木了，唯有鼻翼间朦胧的热气提醒着时间。她知道父亲走了，多少次梦中凝望，多少次泪湿枕席，父亲的身影，在追忆的似水流年间，渐行渐远。

葬礼，吊唁。花圈，哭泣。从苏州旧宅，到灵岩山墓地，她披麻戴孝，恨不得低进尘埃。这是生命必须面对的失去，也是生命中最沉重的失去——父魂没浩宇苍苍，断肠泪人间天上！

逝者已逝，昔日那个幽雅温馨的家，埋葬在一抔黄土间。她懂得“人有悲欢离合”，也知道“此事古难全”，只是为何，父亲曾答应给她的那部《诗骚体韵》也不见了踪影，难道连这最后的念想，老天也是如此吝啬？

她说：“我父亲根本没有积累家产的观念，身外之物，人得人失，也不值得挂念。我只伤心父亲答应传给我的《诗骚体韵》遍寻无着，找到的只是些撕成小块的旧稿。”

她坐在乱书乱纸堆间，咽下拌足尘土的眼泪，一遍遍找得仔细，却只翻出一捆旧日记。她盘坐着，想要从最新的日记本上寻找线索，却发现父亲在一页记着“阿Ｘ来，馈ＸＸ”。

在上海时，每次给父亲送东西，她只是悄悄装在瓶瓶罐罐里，从来不说是什么，也以为父亲不知道是什么。她诧异了，发了好一会儿呆，原来父亲什么都知道，只是不说而已。

“我常希望梦见父亲，可是我只梦见自己蹲在他的床头柜旁，拣看里面的瓶儿罐儿……我又一次梦见的是我末一次送他回苏州，车站上跟在背后走，看着他长袍的一角在掀动。父亲的脸和那部《诗骚体韵》的稿子，同样消失无踪了。”杨绛如是说。

小斋枯坐，思绪随静谧夜色纷飞。路漫漫，思绵绵，世界上最难弥补的便是感情的遗憾。

据她猜测，《诗骚体韵》这本书，大抵是父亲自己不满意毁了。他曾说过，自己还想读某某书却不可得。搞研究的学者，总是苛求完美，毁了也是很有可能的，但对此，杨绛很是愧疚。她说："父亲毁掉自己的著作，罪过还在我们子女。一个人精力有限，为子女的成长教育消耗太多，就没有足够的时间写出自己满意的作品来。"

弥留之际，父亲曾看着几个儿女，说："我不是堂吉诃德，我只是善人吉哈诺。"那时，杨绛不懂得父亲的深意，只以为父亲想说的是"我不是堂吉诃德，我只是《诗骚体韵》的作者"。

后来，她读了《堂吉诃德》，再想起父亲那句临终之言，不禁潸然泪下。如今，她只能喃喃替父亲说出那肺腑之言："我不是堂吉诃德，我只是你们的爸爸。"

她突然明了，原来，世间最真的感动，正是最朴素的言语。如今，她也只想对父亲说一声："我也只是您的女儿。"

有时候，她也会在梦中对父亲说："爸爸，假如你和我同样年龄，《诗骚体韵》准可以写成出版。"梦中的他，儒雅依旧，睿智依旧，却故意板着脸说："我只求出版自己几部著作吗？"

解放后，她还和钟书研究，如果父亲尚在人世，会是腐朽的资产阶级，还是社会主义下的开明人士？很久前，父亲对她说过："阿季，你看吧，战后的中国是俄文世界。"他猜对了开局，却没猜对末尾，杨绛开玩笑地说："我不知道他将怎样迎接战后的新中国，料想他准会骄傲得意。不过，像我父亲那样的人，大概是会给红卫兵打死的。”

罢了，罢了。这是生命中必然面对的失去，也是必然经历的疼痛，或许，她的父母已在世界的另一端重逢。春风微送，把心扉吹动，就让那尘封的遗憾，在梦中一一圆满，就让那温馨的往事留在心间，流淌梦中。

她想起父亲最后的嘱托——阿必。他们几个姐妹兄弟都已成家立业，有了自己的小家，除了这最小的妹妹。阿必是父亲在尘世之上最后的牵挂，她一定要尽自己最大的努力，保她幸福圆满。

那时阿必仍在震旦读书，还上过钱钟书的课。毕业后，她留校做了助教，还兼任震旦附中的英文老师。这个小姑娘，常常在几个哥哥姐姐家里走动，成了一家人联络的主线。

后来，钱钟书又和傅雷一起教阿必翻译，并在离开上海前夕，为她介绍了上海国际劳工局的翻译工作。对杨绛来说，她永远都是自己最亲爱的妹妹。

还记得臧克家先生的那首纪念鲁迅的诗：有的人活着，已经死了，有的人死了，他还活着。此处，我们姑且不去考究生命的价值，也不去纠结“鸿毛”、“泰山”。在有些人心里，那些逝去的爱人，只是消散了形体，灵魂依然同在。

他们依然同在。父亲是，母亲亦然。

平淡幸福

一个赤诚的诗人如是吟唱：从明天起，做一个幸福的人；喂马，劈柴，周游世界；从明天起，关心粮食和蔬菜；我有一所房子，面朝大海，春暖花开……

这个惨烈的诗人，选择了卧轨，决绝自杀，这个让人心疼的诗人，用生命去探寻幸福的足迹。他说："我歌唱云朵/我知道自己终会幸福/和一切圣洁的人/相聚在天堂。"

不知他是否在天堂寻到圣洁的幸福，只是人间清风，幸福常在，如钱钟书、杨绛这般。

她是瘦弱的，却带着柔软的韧；他恃才傲物，却拥有一颗不老的童心。他们是世间独特的伉俪，即使沦陷上海，生活困顿，精神忧伤，依然有变着法儿的欢乐。清风吹过，一树栀子花开，因为有彼此，再大的磨难也能找到属于他们一家三口的幸福消遣。

一个夏天，钟书的学生送来了一担西瓜。稚气的阿圆第一次见到这么大、这么多的西瓜，佩服得不得了，见了钟书，便一本正经地说：

“爸爸这许多西瓜，都是你的！——我呢，是你的女儿。”

她一副“与有荣焉”的模样，逗得两个大人哈哈大笑。有女如此，何愁没有欢笑？杨绛还在文章中揶揄说：“可怜的钟书，居然还有女儿为他自豪。”

而钟书这个童心未泯的老顽童，自然也不甘示弱，总是逗逗她、惹惹她，有时还欺欺她。像每次吃东西，钟书总是笑嘻嘻地对阿圆说：“Baby，no eat。”而聪明的阿圆，渐渐听懂了，便小心留意杨绛的脸色，还喊出了自创的第一句英语：“Baby，yes eat！”

杨绛说：“沦陷在上海的时候，他（钟书）多余的‘痴气’往往发泄在叔叔的小儿、小女、孙儿、孙女和自己的女儿阿圆身上。这一串孩子挨肩儿都相差两岁，常在一起玩。”

他们这串小孩子很是懂事，总是在言谈间避免着那些“不文明”或“臭”的词语，而钱钟书这个人孩子却很是淘气，总是变着法子诱他们说出来，并大笑着，赖他们说“坏话”。小孩子们自然不干，围着他闹个没完。而钟书却颇以为乐，如胜利者那般神奇。

他很会逗阿圆，总是在临睡前往她的小被窝里埋置各种“地雷”，什么镜子、刷子、玩具……他一层层埋，有时甚至把砚台乃至大把的毛笔也埋进去，做完一切后，他便在一旁等着女儿的惊叫，叫了便心满意足，不叫便再接再厉。

对此，杨绛如是叙述：“女儿临睡必定小心搜查一遍，把被里的东西一一取出。钟书恨不得把扫帚、簸箕都塞入女儿被窝，博取一遭意外的胜利。这种玩意儿天天玩也没多大意思，可是钟书百玩不厌。”

钟书故意对阿圆说，《围城》里有个丑孩子，就是她，她相信了，却很大度地不与父亲计较。后来，他变本加厉，说自己刚写了个开头的小说《百合心》里，有一个最讨厌的女孩子，就是她。

这一次，阿圆大不乐意。或许，在她小小的心里，丑一点没关系，讨人厌就太冤枉了，她每天都找他的稿子偷看，而他也每天换个放置的地方，乐此不疲。

父女二人，一个藏，一个找，这样趣味横生的捉迷藏游戏，自然欢乐无限。只是后来，稿子便不知所踪，连杨绛都不知藏哪去了……

生活不就是在于自己找乐子吗？他是痴气的，并且痴气得很是别致。有一次，他曾经很认真地对杨绛说："假如我们再生一个孩子，说不定比阿圆好，我们就要喜欢那个孩子了，那我们怎么对得起阿圆呢？"

那时还没有计划生育，但他们一生只有阿圆一个女儿，也只有这么一个小小的三口之家。他们三个人，一个痴，一个闹，一个记录。嬉笑怒骂间，一个个琐碎却温情的片段，就这样在杨绛朴实的文字间升华。

其实，幸福就在这琐碎生活间。不经意间，这平平淡淡的幸福便写满稿子，守在记忆深处。一所房子，面朝大海，春暖花开。说到底，孩子想要的，便是如钱钟书、杨绛这般平淡却温情的幸福。

一九四五年八月十五日，日本宣布无条件投降，八年漫长艰苦的抗战岁月终于以胜利告终。一时间，爆竹声声，举国欢庆。只是百姓还没有从喜悦中走出，便又陷入水深火热之中。

两党之争，这仗早晚是要打起来的，只是没想到来得这么快。没有丝毫喘息的大上海，依旧沉浸在苦难之间，物价飞涨，通货膨胀，真可谓民不聊生。

他们微薄的工资无法应付飞涨的物价。为了生计，钱钟书于一九四六年年初接受了南京国立中央图书馆的邀请，担任图书馆编撰。那段日子，他经常奔波往返在上海、南京之间，也经常在图书馆的《书林季刊》上发表文章。

这年夏，他应暨南大学文学院院长的邀请，到暨南大学文学院任教授，开设“欧美文学名著选”、“文学批评”、“莎士比亚”、“英国分期文学”等课程。

上课伊始，院长将他请到教室，特意向全班同学介绍：“我给你们请到这样一位先生，你们真幸运。”如此知名的学者，他们确实幸运，身穿紫红色西服的钱钟书走上台去，只一口爽朗正宗的外语，便吸引了在场的学生。

这便是他，无论走到哪里，都神情潇洒，风度翩翩。有人说，他的课如戏剧表演，是的，他用自己的语调和神色，赋予书中人物以鲜活的生命力。曾经有学生，为他广博的知识和潇洒的讲课所倾倒，多次向他请教秘诀，他很谦逊地说：“我没什么，只不过能‘联想’。”

还有一位学生，很是佩服他的《围城》，尤其对三闾大学校风惟妙惟肖的描写青睐有加。对此，钱钟书幽默地说：“你可以看看所谓的训导制到底是怎么一回事啰。”

后来，这个学生进一步问到小说的社会背景时，他马上收起诙谐和幽默，只搪塞道：“不好讲。”他是学者，只想倾心在自己喜欢的文学领域，那复杂的政治旋涡，他并不愿踏及。

他在暨南大学教书三年，为了方便，还特地将家搬到了蒲石路。三年间，他兢兢业业，从未迟到早退，也不应付了事。只是嗜书如命的他，每次到校都要带一摞要归还的图书，再带回一摞要借的新书。

判将装悔题全集，尽许文章老更成。正值中年，这是他们的黄金时代，只奈何时局动荡不安，他们过早便停止了文学创作，专攻研究和翻译方向。

《围城》出版了，反响热烈，只是他不甚满意，开始大规模地修改。《谈艺录》整理完毕后，他又张罗着写一部比《围城》更精彩的长篇小说，这便是他与女儿游戏时藏来藏去的《百合心》。

这部小说，他也是花了心思的，到他重返清华大学时，已写了三万字有余。只是藏来藏去的游戏，加上搬家时的手忙脚乱，这堆乱纸般的草稿便不知遗落何方了。

后来，环境变了，每日都忙碌不堪，便再也没有心力完成《百合心》的创作了。钱钟书回忆说：“年复一年，创作的冲动随年衰减，创作的能力逐渐消失——也许两者根本不是一回事，我们常把自己的写作冲动误认为自己的写作才能，自以为要写就意味着会写。”

时间真的是一个奇怪的东西，它使我们成长，使我们睿智，也使我们不再年轻。后来的后来，钱钟书一直都没提起创作之笔，他只剩下一个顽固的信念：如果《百合心》写成，会比《围城》好一些。

对此，他很地道地说：“事情没有做成的人老有这类根据不充分的信念；我们对采摘不到的葡萄，不但想象它酸，也很可能想象它是分外的甜。”

而杨绛也不再写戏剧创作，从事起文学翻译与研究工作。一九四八年，她出版了编译丛书“一九三九年以来英国散文作品”。同年，她也开始着手翻译西班牙文学名著《小癞子》。

这一年，时局初定，国民党政府可谓大势已去，朝不保夕，共产党掌握天下基本已成定局。大批对共产党缺乏了解的知识分子，对这样的局势很是惊慌，如惊弓之鸟般纷纷外逃。

但还是有不愿离开祖国的文人，比如吴宓、陈寅恪，比如郑振铎、李健吾。吴宓先生说：“自己决定，不问祸福如何，决定不到外国去。”而郑振铎和李健吾，则原地欢迎新政权。

在这样的大背景下，香港大学抓住时机，邀请钱钟书前往担任文学院院长，接着牛津大学再次邀他做高级讲师的信件也到了。他都拒绝了，他是这样说的：“这儿是我的祖国，这儿正在发生巨大的变化，我还是留在这儿做自己的一份事情好。”

远行万里，还是故乡土。他们不羡慕国外的生活，因为他们热爱着祖国的这片土地。

一九四九年夏，他们结束了上海的岁月，举家北上。在这个热烈的季节，他们二人受母校聘任，重返清华大学任教，浩浩荡荡间，他们步入了另一个时代。

卷六

Chapter · 06

时代脉搏：国家命运裹挟个人命运

有一种挂念是夫妻，有一种暖心叫朋友。他们是恩爱夫妻，也是知心朋友，他的书信，总给杨绛无穷的勇气，给她在那个贫瘠小山村的日子，添上无限的明媚气息。

有人说，离开与靠近，都是那般的不容易。去农村参加劳动，杨绛并不介意。只是情到浓时，难说再见，她放心不下独自一人的钟书，这个痴气的男人，如何会自己打点行装？

新时代

一九四九年十月一日，我们敬爱的毛主席在天安门城楼上庄严宣布，中华人民共和国成立了！十几年的战乱终于尘埃落定，中国人民唱着嘹亮的《东方红》，携手跨入新的纪元。

新中国成立之初，百废待兴，彻底解放了的人民，热情洋溢地投入到社会主义的建设之中。中国共产党着力恢复国民经济，全面发展社会主义，在教育领域，也对国内原有的高等教育逐步接收改造。

当然，国内知名的清华大学也不例外。接管、恢复、整顿、课程改革、开会、宣传、动员、学习教育，身在清华大学，他们无一例外地参与其中……

这里是二人的母校，却又不是旧时模样。新时代的清华大学，泛着不同以往的光芒，他们在这里教书育人，适应成长，钱钟书再次用非凡的才华和广博的知识，征服学生。

当时的一位学生如是回忆："他的惊人记忆力，在学生中广为流传。有一次中文系的一位同学从图书馆回寝室大叫大嚷：'不得了！不得了！’大家惊问怎么回事，原来这位同学是研究唐诗的，他为了考证一个典故，从图书馆遍寻未获，正巧碰上钱钟书先生，便上前请教。钱先生笑着对他说，你到那一个架子的那一层，那一本书中便可查到这个典故。这位同学按图索骥，果然找到了这个典故，因此他大为惊讶。”

如果说，记忆力是种天赋，那他的天赋接近传奇。一位同学在他布置的期末读书报告里，东拼西凑了几十本书中的内容。诙谐幽默的钱钟书不置一词，只一一为他标注出处。他待人宽厚，常开玩笑，却又总在不经意间让人敬畏，因他渊博的学识，因他犀利的笔锋。

他依旧嗜书如命，还过目不忘。那时的他已经不怎么发表作品了，只静静沉浸在书的世界，丰富充盈自己。他们空荡荡的客厅里，只有两把椅子和一只堆放着书籍的长台，每日午后睡前，夫妻二人便对坐两端，静静阅读。

一九五〇年一月，当时很有名气的记者作家黄裳来访。他说：“住在清华园里的名教授，算来算去我只有一位熟人，就是钱钟书。”他们在上海时便已相识，如今小别重逢，更是相谈甚欢。钱钟书很是愉快，侃侃谈起艺文旧事，竟让黄裳忘了自己记者的身份。

接着，他们又谈到解放以来的工作生活情况，打开话匣子的钱钟书直说学校气氛活跃，师生颇具热情，气象也焕然一新。但后来，他话锋一转，直言不讳地娓娓道来，会议太多，耽误了教授们的教学时间，大学生太过热衷宣传活动，冲击了学业，云云。

他言语直白，处处在理，但在这个敏感的年代，不免与社会主流相悖离。正如杨绛所说：“解放后，中国面貌一新，成了新中国。不过我们夫妇始终是‘旧社会过来的知识分子’。”

他们一贯是安分守己、奉公守法的良民，从不轻易流露犀利言语。回过神后，他怕黄裳将事情报道出来后遭来谤议，便写信说：

北来得三晤，真大喜事也。弟诗情文思，皆如废井。归途忽获一联奉赠。（略）幸赏其贴切浑成，而恕其唐突也。如有报道，于弟乞稍留余地。兄笔挟风霜，可爱亦复可畏。（如开会多、学生于文学少兴趣等请略）赵家璧君处乞为弟一促，谢谢……

黄裳尊重他，那篇专门为他写的采访报道《槐聚词人》也迟迟没发表，并且一积压就是三十多年。直到“文革”结束，“四人帮”被彻底粉碎，他才以《槐聚词人——一篇积压三十年的报道》公之于世。

多亏了黄裳。如果这样露骨的言论被登在报刊上，他恐怕要在“文革”时死无葬身之地了。

临走时，黄裳还曾向钱钟书邀稿，他委婉地拒绝了。在这沸沸扬扬的新时代，他不愿惹起风波，辞谢也是必然。为了表达歉意，他将自己在一九四一年前后所作的一首旧诗抄赠于他：

夹衣寥落卧腾腾，差似深林不语僧。
捣麝拗莲情未尽，擘钗分镜事难凭。
槎通碧汉无多路，梦入红楼第几层。
已怯支风慵腊月，小园高阁自销凝。

这一年，学富五车的钱钟书还被中央聘为《毛泽东选集》英译委员会主任委员。在生活上，他童心未泯，举手投足间皆是纵横不羁的名士风度，而在学术上，他孜孜不倦，一副认真严肃的学者模样。

毛泽东著作的翻译工作，关系着毛泽东思想在世界上的传播，关系着中国社会主义革命建设，容不得半点差错与疏忽。为此，钱钟书仔细研读了《毛泽东选集》，细枝末节的问题也不轻易放过，而对翻译中的学术问题，更是当仁不让，不肯轻易附和。

他本就在学术上苛求完美，更何况是这样长期而艰巨的任务。一次，他指着毛泽东的一段原文说："孙猴儿从来未钻入牛魔王腹中。"徐永焕听后，层层请示上级，胡乔木因此调出《西游记》的各种版本予以查看，事实证明钱钟书是对的。毛主席得知后，专门修改了原文。

周恩来总理的秘书如是说："自从一九五〇年起，钱钟书便担任'毛选'委员会主任委员，深得党和国家领导人的赏识和关怀……主持'毛选'英译是长期的重要工作，钱钟书委实得到了极大的荣誉。"

或许吧，毛泽东、周恩来、胡乔木等国家领导人对他确实很是关怀支持。因为这个护身符一般的身份和这些中央领导的保护，他在思想改造运动中并没有被划为右派，也没有受到大的冲击。

他知识渊博，外文具有高深造诣，所以在一些涉外事宜上，领导人也经常问问他的看法。因此，更有谣传说，他是毛泽东主席的英语秘书兼外交顾问。但谣传只是谣传，"根本没有这一回事，他非共产党员，怎么会有资格去当毛的秘书？"夏志清如是说。

虽然他有护身符般的身份，但这英译的工作自然也没那么容易，他的较真，总不免让人嫉恨，困难和烦恼也是无法避免的。“病马漫劳追十驾，沉舟犹恐触千帆”，那时候的他应该是焦虑疲倦的，他对妻子说：“这件事不是好做的，不求有功，但求无过。”

后来，杨绛如是写道：“‘无功无过’，他自以为做到了。饶是如此，也没有逃过背后扎来的一刀子。若不是‘文化大革命’中，档案里的材料上了大字报，他还不知自己何罪。”

一切都是后话。从一九五〇年到一九六三年，他只求做好本职工作，默默翻译着“毛选”，因他效率高，还能省出些时间，读书写字，耕耘属于自己的那片园地。而在生活上，他也依旧保留着那份难得的痴气。

在清华大学时，他们养过一只颇具灵性的小猫。一次顽皮的猫咪爬上了树，却不敢爬下来了，钟书救它下来，它便用小小的猫爪，轻轻软软地搭在他的手腕上，以示感谢。

西方谚语有云：“地狱里尽是不知感激的人。”钟书见小猫知感，很是喜欢，平日里特别宝贝。他为它布置舒适温馨的小窝儿，还任它在自己被窝里钻来钻去，真可谓“爱猫成癖”。

后来，小猫长大了，总是在半夜里同邻居家的猫咪打架。钟书心疼，每次听到猫儿们的叫闹声，便从热乎乎的被窝里起身，拿起特置的长竹竿帮自家猫咪。

当时，与他家猫儿打架的猫咪，有林徽因女士家的宝贝——“爱之焦点”。当时，林徽因与梁思成同他们比邻而居，杨绛怕伤了彼此间的和气，便引用他的文章《猫》中的一句，说："打狗要看主人面，那么，打猫是要看主妇面了。"

而我们聪明的钟书先生，是要将耍赖进行到底了。他笑着回答："理论是不实践的人制定的。"

这便是他的工作，这便是他的生活。

在这解放后的新时代，有烦忧，也有欢乐。工作之余，他总是赋闲家中，闭门谢客，逗逗女儿，玩玩猫，再同妻子一起驰骋在书的海洋中，无忧无虑。

懂生活的女子

有人说，日子是织布机上的布，一片片滑下，再一片片接上。一九五〇年，为了“毛选”英译本的定稿工作，钱钟书去了城里，只在周末回清华大学，只余下杨绛和女儿阿圆。

杨绛依旧在清华大学外文系“兼任”教书，闲暇时光便翻译西班牙文学名著《小癞子》。她是幽默聪慧的女子，她的翻译也一如她的性格，充满了诙谐趣味。

那时，阿圆十三周岁，已经是个大孩子了。杨绛本来要送女儿去清华附中读初二，但学校却一定要阿圆从初一读起，再加上初中学生午后总是开会，杨绛心疼体弱的女儿，干脆买了初二、初三的课本，自己教她数学、化学、物理、英文文法等。

阿圆虽然没有去学校念书，但住在清华园里的她，并不寂寞。父亲在时，她便帮父亲做些登记学生分数一类的零星事，很是怡然自得。她心细如丝，因为两份课卷都用与众不同的紫墨水，便能猜出两个同学是男女朋友。

杨绛说："阿圆不上学，就脱离了同学。但是她并不孤单，一个人在清华园里悠游自在，非常快乐。"她继承了钟书的"少年痴气"，也继承了杨绛的"细腻聪颖"，这样的孩子，自然是懂事快乐的。

钟书去城里时，没有嘱托杨绛照管好阿圆，而是告诉女儿要好好照管妈妈，而阿圆也小大人似的答应了。有一次下大雪，她背着母亲在雪地里将煤球里的猫屎抠干净了，因为她知道母亲怕摸猫屎。对此，杨绛很是心疼地说："她的嫩指头不该着凉，钟书还是应该嘱咐我照看阿圆啊。"

有女如此，夫复何求？她是幸福的，因为有这样懂事的女儿。她突然发现，只要有她这个小不点儿在自己身边，再黑的夜路，再荒芜的原野，她也不害怕，如同有丈夫陪着一样。

有一次，阿圆有些发烧，杨绛便逼她早些休息，但这个小姑娘还惦记着母亲："妈妈，你还要到温德家听音乐呢。"

钟书不在的日子，总是阿圆陪她。为了让女儿好好休息，杨绛说："我自己会去。"

阿圆迟疑了，她知道母亲是害怕的，但并没有说破："妈妈，你不害怕吗？"

杨绛立马摆出大人的架子："不怕，我一个人会去。"

这一次，阿圆没有说什么，乖乖上床躺下，但她并没有睡觉，她依然在担忧着"嘴硬"的母亲。

杨绛出门了。一个人的时候，她是害怕的，当走到荒地边的小桥附近，她怎么都不敢过去，徘徊了好久，终究走了回头路。当她回到家时，阿圆还醒着。后来，杨绛调侃地说："钟书嘱咐女儿照看妈妈，还是有他的道理。"

而在功课方面，看着越做越繁的数学，杨绛也越来越懒，于是她对阿圆说："妈妈跟不上了，你自己做下去，能吗？"阿圆很乖，便无师自通地自己做。后来，不放心的杨绛又问女儿自己学可以吗，阿圆很有把握地说，可以。

于是，杨绛给她加买了参考课本，放任阿圆自己学。一九五一年秋，阿圆考入了女十二中高一年级，并且数学得了满分。不知曾经只考十五分的钟书，看到女儿这傲人的成绩，会是怎样的表情？

阿圆上了高中，进城住了校，同钟书一样周末回家。于是，那小小的三口之家，只余下杨绛一人。

这年冬，中共中央发出反对贪污、反对浪费、反对官僚主义的指示，"三反"运动浩浩荡荡地开始了，教育界和文艺界也响应号召，结合"三反"运动进行着如火如荼的思想改造。

所谓的思想改造，便是让文人们亮出自己的思想，革掉那些旧时代的"封建"或"资产阶级"腐朽思想，杨绛形象地称其为"脱裤子、割尾巴"或"洗澡"。

当时，清华大学外文系有三大"危险课"——诗歌、戏剧、小说，后来都被改成了选修。而杨绛教的是外国文学，正属于"资产阶级思想"最明显、最严重的范畴，而偏偏她教的英国小说还有学生选修，她不得不硬着头皮继续教下去。

教这样的课，太需要勇气，一不小心便会被"左"派朋友指责。清华大学有一位叫作温德的外籍教授，思想很是开明，曾经参加过反美与反国民党政府的大游行，也曾公开控诉美国，但他曾被自己教过的同事批评，要他用马列主义观点授课。

温德很是生气地对杨绛说：“我提倡马克思主义的时候，他还在吃奶呢！他倒来‘教老奶奶嘬鸡蛋’！”后来，这个同事也批评杨绛的授课太过老一套，并要教教她。自然，杨绛没有虚心接受，她只教她的课，从艺术分析比较入手，尽量避开那些可能被指责的思想意识。

只是，选择哪部小说来教，也成了难题。在如此激进的时代，许多西方的小说都被戴上了“资产阶级思想”的帽子，稍不留神，便会惹人非议。最终，她选了狄更斯的小说《大卫·科波菲尔》，因为狄更斯受到过马克思的赞许，是社会上公认的进步作家。

只是这所谓的进步作家，却有让人失望的成分。他是有阶级意识的，不愿与工人为伍，因为在他心里，工人便是“下等人”。并且，他的小说中充斥着大量谈情说爱的内容，这在当时的中国，是相当露骨的，好事之人也不免大做文章。

没有办法，那些文字白纸黑字地印在书上，她没有办法替狄更斯掩盖，只得挑选出“进步”的部分精讲，其余的部分只让学生自己课下浏览。只是如此，内容便不再连贯，那些精讲的内容，总有地方需要联系上下文，也总有地方牵扯到男女关系，她只得以批判的态度说是“陈腔滥调”，蒙混过关。

她小心翼翼地应付着一个又一个难题，总算没有差错。后来，她回忆说：“钟书就像阿圆一样乖，他回校和我一起参加各式的会，认真学习。他洗了一个中盆澡，我洗了一个小盆澡，都一次通过。”

接着便是“忠诚老实运动”。杨绛很忠厚老实，不管是不是问题，都老老实实地一一交代，得到大家好评。

只是运动形式层出不穷，一切都没有结束，还有一个所谓的“酝酿控诉大会”在等着她。在“酝酿会”上，她的同学都说她课讲得不错，也不说什么出格话，既不是“向上爬”的典型，也不是“混饭吃”的典型，充其量也只算是“新社会的主人翁感不强”。

她顺利通过了检查。当天晚上，“控诉大会”开始了，她以为自己没有什么问题，便轻松愉快地与一位亲戚一起去参加大会了。

在清华大学的大礼堂，一场庄严的会议开始了。大会主席先谈了资产阶级思想的毒瘤，然后便开始一一控诉。台下的杨绛漫不经心地听着，谁知竟听到了自己的名字：

“杨季康先生上课不讲工人，专谈恋爱。

杨季康先生教导我们，恋爱应当吃不下饭，睡不着觉。

杨季康先生教导我们，见了情人，应当脸发白、腿发软。

杨季康先生甚至于教导我们，结了婚的女人也应当谈恋爱。”

她抬起头来，只看见一个从来没见过的女孩子，正站在台上，咬牙切齿地控诉自己的“毒害”。她课上的女学生不多，她也都认识，却单单没有台上这一位。

在女孩无比仇恨的控诉下，大礼堂几千双眼睛都射向了她，连从大会开始便在打鼾的亲戚也停止了打鼾，瞪大眼睛看向她。

不过我们的杨绛怎么会被这含沙射影的眼神杀死。她沉着气，木然默坐，仿佛说的不是自己。她听着那女孩动听地将狄更斯小说里的话断章取义地加注在她身上，不禁疑惑，白天的检讨压根没提“恋爱”这回事，怎么就顺利通过了呢？

控诉结束了，在一片闹哄哄的议论中，群众慢慢散去，杨绛站起身来，突然发现同来的亲戚已经不知去向。

她哑然失笑，默默走出礼堂。走在回家的路上，没有人前来搭话，更没有人愿意同行，她觉得自己是刚刚自地狱出来的魔鬼，每个人都避得远远的，她甚至听到一位女同志愤慨地议论：“咳！还不如我们无才无能的呢！”

这时，外文系的主任吴达元教授走了过来，他悄悄问道：“你真的说了那种话吗？”

杨绛回答说：“你想吧，我会吗？”

吴达元教授立即说：“我相信你不会。”

他是了解她的，这个女子上课认真，说话也很有分寸，怎会说出这样不着边际的话？听他这样说，杨绛很是感激，但为了不连累人家，她很谨慎地与他保持距离。

她是胆小的，但从来不是感情脆弱的女子。第二日，她故意起了个大早，打扮得喜气洋洋，然后拿着菜篮子去校内人最多的菜市场招摇，看别人如何避开自己，也领略一番真正的“人间喜剧”。

当然，一切并没让她失望。有些曾经有说有笑的朋友，不是逃税似的溜走，便是佯装没看到，但也有人如往常般与她说笑，还有一个平时并不相熟的女同事，与她并肩走了很长一段路。

对这些不避讳她的，她心存感激，对那些躲避她的，她也理解。在这个时候，选择“明哲保身”似乎也是情有可原的，她并不怨尤。

有人说，懂生活的女子，是洗尽铅华后，依然有颗如初的心。而她正是如此，丈夫女儿都不在身边的时候，她饱受屈辱冷落，却依旧可以自娱自乐地幽默一把。

不久后，她在《人民日报》上看到了自己的大名，但她只一笑置之：“幸亏不是名人，点了名也未必有多少人知道。”

有趣的是，控诉过后，慕名来选修她课的学生竟然多了起来。或许这些花一般年纪的学生，想要听杨绛谈爱情也未可知。

满腹辛酸何处诉说

“三反”运动结束了，他们的日子陷入了难得的平静，只是，平静的背后，往往蕴藏着更多的风波未定。

杨绛说：“‘三反’是旧知识分子第一次受到的改造运动，对我们是‘触及灵魂的’……我们惊愕地发现，‘发动起来的群众’，就像通了电的机器人，都随着按钮统一行动，都不是个人了。人都变了。就连‘旧社会过来的知识分子’也有不同程度的变：有的是变不透，有的要变又变不过来，也许还有一部分是偷偷儿不变。”

她说自己也变了，变得不怕鬼了，只是她的改变，有那么点儿不合规格。

他们怕犯错误、惹是非，便离群索居地生活着，自得其乐。平日里，他们在家工作，每月向上级汇报工作进程。闲暇时，他们去颐和园后山松堂玩耍，去动物园游乐，憨厚可掬的大熊猫、摇晃着脑袋的公象、开屏的孔雀，以及千姿百态的松树，他们一一都认识了。

只是一波刚平，一波又起。一九五六年，人民文学出版社计划面向青年读者出版一套“中国古典文学读本丛书”，《宋诗选注》便是其中之一。

这套书籍主要由中国科学院文学院的学者们撰写，而所长郑振铎便把《宋诗选注》交给钱钟书负责，因为他“宋以下别集殆无所不窥”。接到任务后，对文学很严谨的钱钟书立即确定了诗歌选取的标准，还在艺术性方面提出了“六不选”原则：“押韵的文件不选；学问的展览和典故成语的把戏不选；大模大样地仿照前人的假古董不选；把前人的词意改头换面而绝无增进的旧货充新也不选；有佳句而全篇太匀称的不选，这真是割爱；当时传诵而现在看不出好处的也不选，这类作品就仿佛走了电的电池，读者的心灵电线也似的跟它们接触，却不能使它们发出旧日的光焰来。”

他的“六不选”原则，自有他的文学考量，只是当时的中国“左倾”思想盛行，文学不再是纯粹的文学，而是为阶级斗争服务的工具。在集体讨论时，绝大多数人的原则是只谈政治，不谈艺术，钱钟书的选目因此受到了极大的批判。

艺术追求，是钱钟书的原则，不甘屈服的他对选目剖析自己的意见，极力争取着主动权。他坚持不选文天祥那首被人耳熟能详的《正气歌》，因为历来的选本都有此诗，他不想无休止地重复，并且文天祥还有比《正气歌》更具新意的诗可选。

只是在极“左”的思潮下，这样悲壮激昂的正气之歌，自然是要理直气壮地占据选本重要一隅。固执如他，傲岸如他，并不妥协，据理力争，最后他成功了，但也在“文革”时期付出了惨痛的代价。

虽然在《正气歌》上他坚持了下来，但其他的许多选目却难逃决议的批判。大气候如此，他难违众议，只得暗自叹息一声，根据集体讨论的结果著书编撰。

一九五七年春，毛泽东在《关于正确处理人民内部矛盾的问题》的讲话中，提出了“革命时期的大规模急风暴雨式的群众斗争基本结束，以后大量突出的是人民内部矛盾”的论断。一时间，风生水起，全国范围内掀起了整风运动。

在这“大鸣大放”的运动期间，远在武汉华中师范学院教书的父亲钱基博被划为右派，不久便住进了医院，刚刚脱稿的钱钟书赶忙请假去武汉看望父亲。一路上，他忧心忡忡，心事重重，不只为病重的父亲，也为多舛的仕途。

晨书暝写细评论，诗律伤严敢市恩。
碧海掣鲸闲此手，只教疏凿别清浑。
奕棋转烛事多端，饮水差知等暖寒。
如膜妄心应褪净，夜来无梦过邯郸。
驻车清旷小徘徊，隐隐遥空碾薤雷。
脱叶犹飞风不定，啼鸠忽噤雨将来。

在路上，他作了《赴鄂道中》诗五首，以纾解自己郁闷的心境。对此，他最好的伴侣杨绛，如是解释说：“后两首寄寓他对当时情形的感受，前一首专指《宋诗选注》而说，点化杜甫和元好问名句（‘或看翡翠兰苕上，未掣鲸鱼碧海中’；‘谁是诗中疏凿手，暂教泾渭各清浑’）。据我了解，他自信还有写作之才，却只能从事研究和评论工作，从此不但口‘噤’，而且不兴此念了。”

为了《宋诗选注》，他不仅再读卷帙浩繁的宋诗记录，还在诗歌评注上追源溯流，颇下了一番功夫。他是严谨的学者，每日晨书暝写，着力分析着每首诗的精蕴内涵，他那见解精辟的言语，很多都被现代诗评家奉为圭臬。

杨绛说：“选宋诗，没有现成的《全宋诗》供选择。钟书是读遍宋诗，独自一人选的。他没有一个助手，我只是‘贤内助’，陪他买书，替他剪贴，听他和我商榷而已。那么大量的宋诗，他全部读遍，连可选的几位小诗人也选出来了。他这两年里工作量之大，不知有几人曾理会到。”

只是在那个只关心政治的年代，在那个万人跟风的时期，他的万般努力是被直接无视的，而他不提政治的与众不同，霎时间便被推至风口浪尖之上。

脱稿后，他曾从中选了十篇诗人短论发表在《文学研究》上，后来他的《〈宋诗选注〉序》也发表了。本是成果分享，但这两篇文章却成了批判他最有力的黑材料。在这整风运动风起云涌的当头，他的“六不选”原则，也成了“资产阶级文学研究”最直接的罪名。

批判文章接踵而至。曹道衡的《对〈宋代诗人短论十篇〉的意见》、刘敏如的《评〈宋诗选注〉》、胡念贻的《评〈宋诗选注〉序》《清除古典文学选本中的资产阶级观点——评钱钟书先生〈宋诗选注〉》……一篇篇，一字字，连篇累牍的无外乎“资产阶级意识”、“脱离政治”、“形式主义”等大高帽儿。

他缄默了，对着一群不关心学术的所谓批判家，他的满腹辛酸，能向何处诉说？

但是金子总有发光的地方，他虽然在国内备受批判，但在国外却褒奖一片，连日本著名的汉学大家小川环树也特意为他的《宋诗选注》撰文写书评云：“这是一本从不同于前人的角度出发来对宋诗进行全面观察的书，它的注释和‘简评’都特别出色。这本书的出现，大概是宋代选本中最好的。”

当然，这位汉学大家也不无遗憾地表示，这本书对宋代反映社会现实的作品收得太多，并不能准确无误地反映宋诗全貌。而远在台湾的胡适之先生，也表示此书的凭证极有特色，只是选目不太好。

总有些聪明人的眼睛是雪亮的。小川环树的权威书评寄到了国内，那些恨不得毁掉《宋诗选注》这本书的批判家，立刻偃旗息鼓。《文学评论》的编者向钱钟书表示了歉意，何其芳还特意请词学大家夏承焘在《光明日报》上补写了《如何评价〈宋诗选注〉》一文，肯定了《宋诗选注》的价值。

因为小川环树的一席话，他终于得了片刻宁静。只是，此时的杨绛却没这么幸运，她再次莫名其妙地被卷入批判的泥淖之中。

那时，她写了一篇极具分量的长篇文学评论文——《菲尔丁在小说方面的理论和实践》。菲尔丁是十八世纪英国著名的小说家，得到像高尔基等一些进步作家的推崇，他的小说是颇具研究价值的。杨绛本着实事求是的态度，对他滑稽史诗的取材及目的进行了深入归纳研究。

她是实在人，没有办法用当时流行的机械式阶级分析观点套菲尔丁的小说理论，也没有办法把他的“模仿自然说”生硬地说成具有阶级批判的崇高目的，只是按自己的研究如实论述。于是，批判席卷而来。

有人在《文学研究》上发表了一篇文章，犀利地批判她的这篇文章介绍了大量的资产阶级观点，歪曲贬低了菲尔丁作品的意义……杨绛成了一面“白旗”，研究所西方文学组广泛发动“群众”，对她进行所谓的“帮助与启发”。

这一次，她长了见识，也吸取了教训，暗自决心不再发表文章，只是作为研究所里的研究员，消极怠工也是要被批判的。在她的下一篇文章《论萨克雷〈名利场〉》里，她主动运用阶级分析的理论进行探讨批判，还引用了马克思的话予以论证。

只是，那些违心的话，她终是难以启齿，也没有办法不顾事实地随意批判评说。她折中了一下，在文章中讲究出处证据，完全引用萨克雷小说中的论述，对萨克雷的“真实”、“仁爱”两个方面纯客观地论证。

就马克思主义阶级分析观点来说，她的态度是端正的，既没有拔高，也没有贬低，辩证地分析了萨克雷文学思想的优缺点。只是一切都没这么简单，因为这篇文章，她被一些人指责说流露出“人道主义”、“人性论”等资产阶级观点。

唉，真是怎么做都能挑出毛病。或许，他们真的同资产阶级结下了不解之缘，又或许，在别人眼中，他们早就与资产阶级结下了不解之缘。

满腹辛酸泪，无处诉说时。受到这样赤裸裸的点名批判，他们噤若寒蝉，再也不敢随意说话了，当出版社向他们邀稿时，也只说："这几年专注于翻译，没有创作，所以拿不出东西支持出版社，实在抱歉。"

他们真的怕了，不愿再被抓住小辫子。只是，这万恶的命运，会放过这对患难夫妻吗？

有一种暖心叫朋友

时间之外，岁月悠悠，过往的每一分每一秒，终将被时光埋葬在记忆深处。杨绛是心思细腻的女子，用文字记叙着时光荏苒的痕迹，心泛淡忧。

一九五八年大跃进时，钱钟书一家三口分散各地，下乡接受社会主义教育。杨绛说："在新中国，知识分子的生活都由国家包了……只是我们不会为人民服务，因为我们不合格。然后国家又赔了钱重新教育我们。我们领了高工资受教育，分明是国家亏了。"

有人说，离开与靠近，都是那般的不容易。去农村参加劳动，杨绛并不介意。只是情到浓时，难说再见，她放心不下独自一人的钟书，这个痴气的男人，如何会自己打点行装?

一九五八年十月下旬，她随着一支二十几人的队伍去了河北农村，那时他们的女儿已经下放工厂炼钢，而钱钟书要等下一批出发。那时四十五岁以上的女同志是可以不用下乡的，但她还是自愿去了，不只是因为纯正的社会主义觉悟。

杨绛如是说："下乡当然是'自愿'的。我是真个自愿，不是打官腔；只是我的动机不纯正。我第一很好奇。想知道土屋茅舍里是怎样生活的。第二，还是好奇。听说，能不能和农民打成一片，是革命、不革命的分界线。我很想瞧瞧自己究竟革命不革命。"

初下乡的知识分子，没有脱下资产阶级知识分子的眼镜，还主观改造起村里的人。同杨绛一起下乡的一位老先生，遥指着一位农村姑娘说："瞧！她像不像蒙娜丽莎？"他们一道回答："像！真像！"于是，这姑娘便成了他们一伙人的"蒙娜丽莎"。

还有一次，在打麦场上的三角窝棚旁边，他们看到一位高高瘦瘦的老者，正撑着一根长竹竿，撅着一撮胡子仰头望天。于是，另一位想象丰富的老先生说："瞧！堂吉诃德先生！"于是，这位老者又成了他们的"堂吉诃德"。

杨绛驻扎的地方，是一个贫瘠的山村，全村连一个富农都没有。她如愿住进了土屋茅舍，也见到了空的粮柜，大堆的生白薯和大大小小的腌菜缸。

自然，真正的农村生活哪有那么多诗意的浪漫情怀。她早已听说，也做好"过五关斩六将"的心理准备。第一关是"劳动关"，她过得还算轻松。因为公社体恤，他们这几个年老柔弱的下乡人士只是做些不累不脏还容易的活儿。

"我们下乡干的全是轻活儿，看来'劳动关'，对我们是虚掩着的，一走就'过'，不必冲杀。"她在《第一次下乡》中如是写道。只是"劳动关"好过，后面的"居住关"、"饮食关"、"方便关"、

“卫生关”却一个没一个轻易。

他们这一队五男二女，村里只腾了一间空房，于是杨绛和另一位小些的女伴只能“打游击”了。她们睡过工人大嫂家的暖炕，也睡过尘土扑鼻的冷炕，还睡过公社缝纫室的三尺宽木板，最后总算搬到幼儿园的大暖炕上去了。

饮食方面，他们每日早晚只是玉米渣子煮白薯，中午则是白薯窝头，不喜油腻的杨绛觉得还好，但别人并不以为然。一次，杨绛梦到两个荷包蛋，她没有吃，第二日告诉大家，他们都同声怨她不吃，一副恨不得让她端出来放在桌上的模样！

就这样，他们吃了整整一个月的粗粝之食，最后连想到大米白面都不胜向往。分在稻米之乡的伙伴们得知他们的“苦楚”，特意买了白米，请他们去吃，那一日，杨绛连吃两碗，直叹平生都没吃过这样香软的白米饭。

此时，已在昌黎乡间倒粪的钱钟书，吃的只是发霉的白薯干掺着玉米面做的苦窝头。相比之下，杨绛的吃食已是十分的幸福。

而乡下人，对他们这帮城里来的知识分子很是稀奇。

一位大妈见了他们说：“真要感谢毛主席他老人家！没有毛主席，你们会到我们这种地方来吗！”吓得杨绛仔细瞧着她的脸色，还以为她在打官腔。

还有一位嘴巧的大妈，这样对杨绛说：“呀！我开头以为文工团来了呢！我看你拿着把小洋刀挖萝卜，直心疼你。我说：瞧那小眉毛儿！瞧那小嘴儿！年轻时候准是个大美人儿呢！我说：我们多说说你们好话，让你们早点儿回去。”

杨绛听罢，呵呵笑了几声，心想，这大妈真是个地道的“劳动惩罚论”者啊！

他们一行人，经常在村里访病问苦，连带串门聊天。他们撞到过又骂又哭的“疯婆子”，看望过生肺病的女人，也见识了挂过彩的退伍军人……那段日子，他们遇到形形色色的人，也了解到许多农民的实际情况。

他们在这里待了两个月，杨绛下乡前的好奇心，就这样在自得其乐间得到满足。只是这说长不长、说短不短的年月里，她总不免因与家人离散牵肠挂肚。而她的那位相貌端好的女伴，也会在旁边没人时，悄悄问她：“你想不想你的老头儿？”

她自然是想，当然也没什么好隐瞒：“想。你想不想你的老头儿？”

“想啊！”

一样的回答，换来两人相对无言的傻笑，那是自嘲的笑，是无可奈何的苦笑。她是杨绛的同炕之友，因有着相同的思念与情怀，虽然彼此间说“悄悄话”的机会并不多，但偶尔间的一个眼神，都不失为一种安慰。

还好，她还有默存的书信，聊慰相思。钱钟书在家时，她不两天便能收到他“字小行密、两三张纸”的书信。同伴之间，只有她来信最多，不免换来几句嘲弄的玩笑话，她也不多言，只埋头读信。

有一种挂念是夫妻，有一种暖心叫朋友。他们是恩爱夫妻，也是知心朋友，他的书信，总给杨绛无穷的勇气，给她在那个贫瘠小山村的日子，添上无限的明媚气息。

后来，钱钟书去了昌黎乡下，天天捣粪，依旧不忘在得空时给她写信，并且还嘱托她不必回信。她知道，他也是思念自己的，那绵长的思念便藏在那看似平淡的字里行间。

一日日，一封封，她将他的信放在贴身衬衣的两个口袋里。随着信越来越多，越来越厚重，她又往丝绵背心里的两个口袋里塞。信纸多了，硬邦邦的很不方便，还稀里哗啦直响，很有掉出来的危险。

只是她不愿拿出，也不敢拿出。她说："其实这些信谁都读得，既不肉麻，政治上也绝无见不得人的话。可是我经过几次运动，多少有点神经病，觉得文字往往像解放前广告上的'百灵机'，'有意想不到之效力'；一旦发生了这种效力，白纸黑字，百口莫辩。"

后来，衣袋里实在是放不下了，她便抽出一部分藏在包里，只是身上轻了，心却重了。她着实怕了那些"莫须有"的罪名，只得硬下心肠把信烧掉。她说，这是默存一辈子写得最好的情书。她常常后悔，自己焚烧了这么宝贵的信笺。

已过经年，她每每回忆时，都不免遗憾。但我们的杨绛哪是唉声叹气之人，"过得了月半，过不了三十，"她如是宽慰自己，"即使全璧归家，又怎逃得过丙丁大劫……那是专写给我一个人看的。罢了，让火神菩萨为我收藏着吧。"

终于要整队归京了。临行前，他们各自总结收获，互提意见。有人说她不懂民间语言，还有位党外的"马列主义老先生"说她婆婆妈妈，而队长则在评语中说她能同老乡们打成一片，她听了很是得意，“我还是心服有修养的老党员，不爱听‘马列老先生’的宏论”。

无论怎样，她的社会主义教育圆满完成，可以毕业回家了。总结完毕，她和同伴们如沙丁鱼般挤在一个拖厢里，经过一天的颠簸，终于安然抵达北京。

阴历年底，钟书也要回来了，她去火车站相迎，内心忐忑，生怕接不到，生怕他回来了还要回去。好在万事顺利，这对分离三月之久的夫妻，终于团聚家中。

这一次，痴气十足的钟书，不仅完好地带回了自己，还带了许多当地出产的蜜饯果脯和北京买不到的肥皂。

新年新气象，文学所在这年迁入了城里旧海军大院，他们的家也搬到了城中文研所宿舍。虽然房子小了些，但也添了方便，钟书去“定稿组”翻译“毛选”方便了，逛市场、吃馆子也方便了。

那时他们的女儿阿圆要毕业了。在那个服从分配的年代，毕业生分配的工作是终身的，杨绛很是担心，因为他们二人双“白”的出身，影响了女儿的分配。她说：“毕业后工作如分配在远地，我们的女儿就流失到不知什么地方去了。”

总有些意外是让人欣喜的。他们没有想到，阿圆留校当了助教。当消息传来，他们老两口开心得不知如何是好，因为女儿可以永远伴在他们的身边了。

三个人，总有无穷乐趣。那时家里的阿姨不擅长做菜，他们便经常在城里一处处吃馆子。钱钟书是爱吃的，他说：“吃讲究的饭，事实上只是吃菜。”

他们吃馆子，吃的是选择，也是吃别人想不到的娱乐。钱钟书和阿圆总是在等待上菜时，观察其他的食客，不经意间，便把眼前的故事看了个足。

“那边两个人是夫妻，在吵架……”

“跑来的这男人是夫妻吵架的题目——他不就是两人都说了好多遍名字的人吗？……看他们的脸……”

“这一桌是请亲戚……”

看戏间，他们的菜便上来了，他们一面吃，一面看，其乐无穷。享受完美食，他们抹抹嘴巴起身结账，旁边的戏依旧演得热闹。

新中国三年困难时期，全国上下，饥荒一片。那时，钟书正和洋人一起英译“毛选”，便常常同他们一起吃高级饭，再加上二人皆有一份特殊供应，他们的日子并没有受到影响。

困顿之中，那些拿着几十元工资的年轻人，看着他们这群拿着几百元工资的“旧社会过来的老先生”，不免侧目。其实，能者多得，是再自然不过的道理，可挨饿的时候，谁还会论这些个东西？

还是杨绛善良。她说：“我们自己尝过穷困的滋味，看到绝大多数‘年轻人’生活穷困，而我们的生活这么优裕心上很不安，很抱歉，也很惭愧。每逢运动，‘老先生’总成为‘年轻人’批判的对象。这是理所当然，也是势所必然。”

那些所谓的“年轻人”，是新中国的知识分子，大部分也已不复年轻，但工资却依旧只是几十元，而钱钟书、杨绛这样的“老先生”，工资也十几年如一日。“年轻人”的讥诮和不平衡，似乎也情有可原。

一九六二年，他们搬入了干面胡同的新宿舍。那里宽敞了许多，厨房、卫生间、阳台应有尽有，他们还添买了家具，住得舒心了许多。一九六三年，钱钟书结束了英译“毛选”的定稿工作，一九六四年，他成为“毛主席诗词翻译五人小组”的成员。

这几年，他们的生活还算平静，只是山雨欲来风满楼，一场轰轰烈烈的大革命正在慢慢靠近……

卷七

Chapter · 07

体验沧桑：尘世不能承受之重

离别泪，别是苦痛滋味。只是在这旗号纷飞的时代，他们的离殇只得埋在心里，她继续配合加紧“再教育”，而他也要在穷乡僻壤的罗山东岳开始干校生活。闲暇时，他们依旧不忘鸿雁传书。他告诉她东岳的天寒地冻，告诉她些许生活的琐碎事。他们是乐观的夫妻，带着耐人寻味的幽默。只是，有一种坚强是笑中带泪，有一种伪装叫不提过往，他们藏起了眼泪，自娱自乐，并不代表他们真的欢快无虞。

人间地狱

一九六六年五月，史无前例的“文化大革命”席卷而来，无情地在神州大地上蔓延开来。

这一年，钟书五十六岁，杨绛五十五岁。虽然他们早就搁下了笔，缄默不谈政治，虽然钱钟书还告诫朋友“微波喜摇人，小立待其定”，但他们这批“老先生”，无一例外地卷入了灾难的旋涡之中。

这一次，明哲不能保身，这一次，他们在劫难逃。

这时，钱钟书的一条腿突然走不得路了，杨绛赶紧替他请了假，扶他去医院就医。一位好心的车夫老王见了，主动把他们送到医院，还不肯收钱，他说：“我送钱先生看病，不要钱。”

在杨绛的一再坚持下，老王才勉强收了钱。那时他们还不知道，自己会在“文革”中受创，也不知道这个好心的车夫，会在他们最困难时，背着造反派的监管，给他们送来鸡蛋、香油。

一九六六年八月九日，刚刚下班回家的杨绛对钱钟书说：“我今天‘揪出来了’，你呢？”钟书回答说：“还没有，快了吧？”是的，快了。他们是夫妻，又同属学部，命运的车轮自然一起碾过。三天后，他便也被“揪”出来了。

杨绛又问：“你是怎么‘揪出来’的？”

“大概是人家贴了我几张大字报。”

他不知道是怎么揪出来的，这也并不那么重要，在这样的时候，揪出来是必然，原因与过程就不是那么吸引人了。

但杨绛这个心思细腻的女子，却记得很是清楚。那时控诉她的大字报虽然还没有贴出，但开会时传看一份文件，到她的近旁就跳过了，好像没有她这么个人。下一次开会时，有人忽然提出：“杨季康，她是什么人？”

没有人定义，也没有人答话，但以后的会议，她不用参加了。这时她已经隐隐知道事情不妙了。果然，不几日，控诉她的大字报便贴了出来。

他们就这样，被揪了出来，虽然揪出来的算什么身份，还未分明。那时，革命群众大会天天开着，号召口号时时喊着，而他们这群判了罪的“老先生”，就坐在空荡荡的办公室里等待刑罚。她坐在冷板凳上，只觉得那红红绿绿的条幅触目惊心：

“拿枪的敌人消灭后，不拿枪的敌人依然存在。”

原来他们成了敌人，不拿枪的敌人，手无缚鸡之力的敌人。

“文化大革命”的纲领性文件《五一六通知》在报上发表了。他们在冷冷清清的办公室传看着，细细研究，窃窃私议，都以为按照通知的指示精神，他们没有什么问题，应该可以重新加入革命队伍。

谁知在大会上，那些群众一副十恶不赦的模样，狠狠控诉着他们的种种罪行。这一刻，他们终于愿意相信，这场灾难是躲不过去了，他们成了“牛鬼蛇神”。

最后，大会公布了他们以后的待遇：一、不发工资，每月发生活费若干元；二、每天上班后，身上挂牌，牌上写明身份和自己招认并经群众审定的罪状；三、组成劳动队，行动听指挥，并由“监管小组”监管。

开完会，他们回了家，草草吃过晚饭后，便开始如小学生那般做起手工牌子。杨绛给钱钟书寻来长方形小木板，自己则在硬纸上剪了个圆圈，两个人各按规定，精工细作地制好了牌子，然后用工工整整的楷体写下自己的款款罪名。

他们童趣依旧，罪名写好后，他们各自穿了绳子挂在胸前，还相互品评鉴赏着，宛如爱丽丝梦游仙境那般，一时兴起，他们还引用起了爱丽斯的名言：Curiouser and curiouser！

第二日，他去扫院子，而她去扫女厕所。年过半百的两个人，一直潜心学术研究，何时干过此类活计！只是在那革命人群的唾弃之下，他们不得不去做。

一切只是个开始，还有更多没有尊严的招数，在等着他们。一天，大雨骤冷，他们学部闯进来一批造反的红卫兵，把他们这些被揪出来的人召进大席棚，给他们戴上用报纸做的尖顶高帽，然后在一片谩骂声中，将他们押上台示众。

站在队伍里的杨绛，偷偷瞥着同伴们帽子上的“头衔”，什么“黑帮”、“国民党特务”、“反动学术权威”，等等。她看到钟书头上的“资产阶级学术权威”，不禁猜想自己的名目。散会时，她在推推搡搡间，摘了高帽，原来她的是“资产阶级学者”，只是不几日，她的也成了“资产阶级学术权威”。

呵骂推搡间，他们成了人人都可欺侮的牛鬼蛇神。杨绛如是说：“我和同伙冒雨出席棚，只愁淋成落汤鸡，不料从此成了‘落水狗’，人人都可以欺凌戏侮，称为‘揪牛’。”

一次钟书外出被人剃掉纵横两道头发，成了所谓的“怪头”，幸亏杨绛一直是他的理发师，赶紧帮他剃成了“和尚头”，抹了“十”字。那时候，他们的一个同伙也被人剃了“怪头”，去理发店理发，非但不给理，还让他戴上写着字的纸篓子回家了。

那真是一段狼狈不堪的岁月。一晚，他们被集中在大院批斗，有人拿着束腰皮带往他们身上猛抽，还有人往钟书背上抹唾沫、鼻涕和糨糊，杨绛的头发也不知被谁剪去了一截……

一波还未平息，一波又来侵袭，他们被批斗完后，又被勒令脱掉鞋袜，伛着腰，排着队，环绕院中圆形花栏跑圈儿，谁直起身子或停步不前就会挨鞭子。一圈圈，他们在笑骂中不住地跑着，等直起身来时，院中的人已散去大半，他们的鞋袜也不知去了哪里。

他们这群半老的“牛鬼蛇神”有很多禁令，虽然不知是谁制定的，也不知道为什么制定，什么不许穿皮鞋、不许撑阳伞、不许戴草帽，什么不许吃鱼、肉和鸡蛋，不许喝牛奶，只许吃窝窝头、咸菜和土豆云云，真是稀奇古怪、匪夷所思极了。

杨绛讽刺地说："我们这群'牛鬼蛇神'是最驯良、最和顺的罪犯，不论谁的命令都一一奉行。因为一经'揪出'，就不在人民群众之中，而在人民群众之外，如果抗不受命，就是公然与人民为敌，'自绝于人民'。"

后来，他们知道了钱钟书被"揪"出来的原因，原来有几个人联名上书，声讨"钱钟书蔑视领袖著作"，还贴出了大字报。杨绛对此勃然大怒，大骂这些红卫兵连风影都看不见就敢捕风捉影。她说："默存如果说这话，肯定不是这口气，他会说得更俏皮些。"

咽不下这口气的两个人，拟写了一份小字报，贴在了大字报的下面，他们提供了自己知道的一切线索，并请求实地调查，只是不但没有等到清白的时日，反而换来了一场批斗。

他们说，虽然没有证据，但有人告发了钱钟书，料必事出有因，所以钱钟书便是有罪的。这样的莫须有，理由太过牵强，但当时就是有人说得理直气壮。

除了被批斗，他们还要陪斗。一次，红卫兵发现在台下低头陪斗的杨绛打起了瞌睡，便怒气冲冲地将她押上台去，挂上牌子，戴上高帽，进行一顿声讨挨批，厉声喝道：

"杨绛，给钱钟书通风报信的是谁？"

"是我。"

"打着手电贴小字报的又是谁？"

"是我——为了给同志们提供线索，据实调查。"

这么多天，他们体验了世态炎凉，人间沧桑。这里是黑暗的地狱，如果不是彼此扶持，他们根本没有勇气面对这样无奈的尘世。这一次，她真的厌倦了，这样不讲理的日子，他们还要过多久？

她的心寒，红卫兵如何懂得？或许，他们只是不愿意懂得，因为不懂得，便能继续打着正义的旗号嚣张跋扈下去。听她如此不屑的回答，台下看戏的红卫兵爹了毛："谁是你的同志！"

他们递给她一面锣，命她敲响。怒气冲冲的杨绛，哪还顾得了许多，木槌子一下下死命敲着发泄不满。这一次，红卫兵真的闹翻了天，他们给她挂上又黑又臭的木板，押着她去学部大院游行。

红卫兵们命她每走几步便敲两下锣，再自报罪名。我们温柔聪慧的杨绛，一改往日的忍气吞声，她使劲敲着锣，大叫着："我是资产阶级知识分子！"她在用自己的倔强抗议，抗议自己的屈辱，抗议钟书莫须有的罪名。

柳暗花明时，当杨绛回忆起这段往事，依旧幽默地说："那场闹剧实在精彩极了，至今回忆，想象中还能见到那个滑稽的队伍，而我是那个队伍的首领！"

她依旧是那个诙谐乐观的杨绛，只是那乐观背后，分明是缀着血泪的不堪回首。

但"文革"的摧残还不仅仅于此。他们还被抄了家，钟书的皮鞋、领带、打印机，还有那许多宝贵的书籍、书信和作品手稿都被洗劫一空。如果说，身体的摧残还可以用意志忍耐，那么精神的折磨又如何对待呢？

他们怕那些文字资料落在红卫兵手里，不是毁了，便是成了"反动”的罪证，于是硬下心肠偷偷销毁了不少，连包糖纸都不敢保留。而钱钟书这么多年的读书笔记，凝结着太多的智慧与心血，他们舍不得烧毁，杨绛便锁在了原先的家中。

有一次批斗完毕后，有人下命令说：“把你们的黑稿子都交出来！”她怕稿子被红卫兵抄家时毁掉，便将花费数年心血造就的《堂吉诃德》译稿用牛皮纸包好扎紧，忍痛上交了。

她只祈祷红卫兵不要将稿子毁掉，哪怕是遗忘墙角也好。还算幸运，最后她又见到了这凝聚无数感情和心血的手稿，并在西洋文学组秘书的帮助下，喜滋滋地将它抱回了家。

在这人间地狱中，他们忍受着尘世不能承受之重，却只是忍受，他们的人格，依旧高大，他们的感情，依旧胶着亲密。他们是亲密爱人，只要手挽着手，肩并着肩，便能度过一切磨难。常常有人在背后羡慕道：“看人家钱钟书和杨绛一对儿，越老越年轻，越老越风流！”

这就是他们，不声不响，不卑不亢。

不忍生离

是谁，触动了不堪一击的心弦？是谁，让他们看到这世间的黑白颠倒？旅途未知，时光难挨，他们在混乱困顿的日子里踽踽而行。

一九六九年，他们同学部的知识分子一起接受“工人、解放军宣传队”的“再教育”。他们离了家，与其他“受教育者”一起集中住在办公室里，有的六七人一间，有的九人十人一间。

在这“集中营”般的办公室里，他们度过了七个月监禁般的生活，每日除了批斗，还要在清晨集体练操，还要分上午、下午和晚饭后三个单元进行学习。而学习的内容，无外乎马列主义、毛泽东思想和各种各样的纲领精神。

那时候，除了领袖的著作和各种文件指示，他们不能看别的书籍。于是，钱钟书便翻出一部德文原版《马克思、恩格斯书信集》，津津有味地读了起来。

马克思是社会主义、共产主义的提倡者，他的书便是“合法合理”的，钟书并不会受到批判。而马克思也是十九世纪德国最伟大的思想家，有着不容小觑的辩证法思想。于是，钱钟书便堂而皇之地研读起来，不仅复习了久违的德文，也得到了不少受益匪浅的收获。

一段时日后，“军宣队”特准年老体弱者回家居住，于是这对半老夫妻便结束了“集中营”式的生活，每天只在上午、下午两个单元赶来上课。

只是他们的团圆没有长久，一九六九年十一月，钱钟书接到通知，要作为文学所的“先遣队”下放河南罗山县，开始干校生活。他们知道要下放干校，只是不知道来得这样快。

杨绛不无伤感地说：“尽管天天在等待行期，听到这个消息，却好像头顶上着了一个焦雷。再过几天是默存虚岁六十生辰，我们商量好：到那天两人要吃一顿寿面庆祝。再等着过七十岁的生日，只怕轮不到我们了。可是只差几天，等不及这个生日，他就得下干校。”

她不是“先遣队”，要在外文所里继续接受“再教育”，暂时不能伴他下乡。只是她不忍生离，不忍放老头儿一人前往，因为这次下干校，是所谓的“连锅端”，大有奉命一去不复返的意思。

她为他打点着行装，宝贵的图书、笔记，或穿或不穿的衣服，零零碎碎的东西，一样样，一件件，都要随身带走。她看着一个个木箱、铁箱，看着这收拾好的一大堆行李，不免怅然：“这些木箱、铁箱，却也不如血肉之躯经得起折磨！”

分离的日子总是来得那样快。十一日，他动身了，杨绛与女儿阿圆、女婿王德一送行。两年前，女儿嫁了他，老两口很是满意地说：“得一（这是钱钟书赠女婿的号，杨绛文章里总用“得一”称呼女婿）

和善忠厚，阿圆有他在一起，我们可以放心。”

女婿拎着大包小包的行李，挤进拥挤的月台，把钟书送上了车。上车前，钟书对他们三人说，回去吧，别等了。他们遥遥相望，只觉千言万语哽在喉咙，杨绛默默回了家，不是耗不住等待，而是怕钟书看着他们伤感的脸，无法放心释念。

离别泪，别是苦痛滋味。只是在这旗号纷飞的时代，他们的离殇只得埋在心里，她继续配合加紧“再教育”，而他也要在穷乡僻壤的罗山东岳开始干校生活。

只是闲暇时，他们依旧不忘鸿雁传书。他告诉她东岳的天寒地冻，告诉她些许生活的琐碎事。那时候，干校需要他们自己建设，脱坯、造砖、盖房，样样都需自己来，而钟书因属于“老弱病残”的行列，只干些打杂的轻活。

只是他痴气依旧，哪怕是轻松的活计，他也闹出了笑话。有一次，他与丁声树老先生被分去烧开水，两个人忙前忙后，弄得一身狼狈，却大半天也没有把那一炉水烧开……

因为此事，两位老先生被戏称为“钱半开”“丁半开”。而远在北京的杨绛，听到这样的玩笑话，还不忘为老伴儿辩护一下：锅炉设在露天，大风大雪中，烧开一锅炉水不容易。

一九七〇年七月十二日，杨绛他们“连”也动身下放干校。钟书走时，一家三人相送，而她走时，只有女儿阿圆默默送行，女婿德一已于一个月前自杀了。那时的阿圆三十三岁。

杨绛还记得最后一次见他时，德一对她说：“妈妈，我不能对群众态度不好，也不能顶撞宣传队；可是我决不能捏造个名单害人，我也不会撒谎。”他是老实忠厚之人，只是在这如火如荼的阶级斗争之时，一切都是枉然。

他自杀了，以死捍卫尊严，以死求得解脱，却奈何逝者去，生者痛，杨绛放心不下刚刚失去爱人的女儿，虽然她知道女儿从来不是脆弱的女孩子。只是，坐在火车车厢，看着女儿在月台茕茕孑立的模样，她便心生凄楚。

她忙闭上眼睛，让盈满眼眶的泪水流下来。火车开了，月台慢慢退去，车窗外再看不见阿圆的背影……她就这样离了北京的家，奔赴下一场旅途，她知道她的钟书正在干校翘首以盼。

上次一别，已是八月之久。经过千山万水的跋涉，她终于到了干校，见到了心心念念的丈夫，只是看着又黑又瘦，脸上挂着脓包的他，她自是心疼不已。她说：“干校的默存又黑又瘦，简直换了个样儿，奇怪的是我还一见就认识。”

人海苍茫间，无论他变成怎般模样，他们依旧能够一眼认出彼此。这不奇怪，因为他们有一世夫妻恩情。只是虽然她一见便认得，别人却不一定认得！

有一次，钱钟书去杨绛干校黄大夫那里看病，这个心直口快的大夫，看到他在签名簿上写的名字，不禁怒道：“胡说！你什么钱钟书！钱钟书我认识！”事后，当杨绛提起时，黄大夫掩嘴笑言：“怎么的，全不像了。”

两人虽然不在同一干校，但只间隔不到一小时的路程，他们总能在十天一次的休息日见面相聚。杨绛说，比起独在北京的女儿，他们也算同在一处了。

因为身体弱，杨绛被分到了菜园班，每日只是干些轻松的活儿，学习种菜，后来，全连都搬到了学部集中的中心点，而她依旧留守菜园。这时，钟书被派作专职通讯员，每日收取报纸信件时，总能路过杨绛的那片菜地。

他们相会的日子渐渐多了，有时同坐水渠边晒晒太阳，有时隔着绿油油的蔬菜说说话。而钟书，依旧给她写着信，讲些所见所闻，说些杂感笑话，真是平添了几分情趣与慰藉。对这段忙中偷闲的往事，杨绛如是写道："每天午后，我可以望见他一脚高、一脚低地从砖窑北面跑来。有时风和日丽，我们就在窝棚南面灌水渠岸上坐一会儿晒晒太阳。有时他来晚了，站着说几句话就走。他三言两语、断断续续、想到就写的信，可以亲自撂给我。我常常锁上窝棚的木门，陪着他走到溪边，再忙忙回来守在菜园里，目送他的背影渐远渐小，渐渐消失。"

那时，杨绛连队养了一只叫作"小趋"的小狗，他们夫妻二人很是喜欢，他们认为狗是有灵性的，不像人那般钩心斗角。钟书每次来都带些带筋的骨头、带毛的肉或坏了的鸡蛋给"小趋"。

当时的年月，狗狗只是西方贵妇人的宠物，不允许在社会主义的蓝天下吃馒头和白薯块。这只可怜的小狗便是如此，饿得精瘦，如丧家之犬一般。而它确实有灵性，懂得钱钟书的友善，也把他当成自己最亲近的主人。

它经常去杨绛的菜园，陪着女主人等待男主人。每次钟书走过来，它便摇着尾巴迎上去，随着他蹦蹦跳跳，赶都赶不走，有时还欣喜地打个滚表示欢迎。看着它这般灵动开心的模样，杨绛调侃说："默存大概一辈子也没受到过这么热烈的欢迎。"

后来，他们离开了这里，还依然想着这只有灵性的小狗，不时地念叨："不知'小趋'怎么样了？"

钟书说："也许已经给人吃掉，早变成一堆大粪了。"

杨绛说："给人吃了也罢。也许变成一只老母狗，捡些粪吃过日子，还要养活一窝又一窝的小狗……"

在那样的年代，是否还有人愿意如他们般关照一条小狗？他们只祈求"小趋"能遇到愿意喂它吃饱饭的人。

归家的旅程

他们是乐观的夫妻，带着耐人寻味的幽默。只是，有一种坚强是笑中带泪，有一种伪装叫不提过往，他们藏起了眼泪，自娱自乐，并不代表他们真的欢快无虞。

这里是压抑的，他们是苦闷的。在干校里，杨绛听说有人在砖瓦窑上吊了，还有人开拖拉机翻河里淹死了。一次，她还亲眼见几个穿军装的人在刨坑，还从盖着芦苇席的车上抬出一具穿着蓝色制服的尸体，扔进了坑里。

又死了一个！眼见为实同道听途说到底是不一样。暮色悠悠，她看着满脸麻木的士兵，三下五除二地填了土，跳上车走了。一个活生生的人，就这样死掉了，没有棺材，没有墓碑，只在荒凉旷野间多了一个扁扁的土馒头。

她震惊了，原来死亡离自己是这样的近。

有时，杨绛也会说，自己是在睁着眼睛做梦。只是，她苦闷的流露下，往往跟着自我开解的豁达：“平时总觉得污泥很脏，痰涕屎尿什么都有；可是把脚踩进污泥，和它亲近了，也就只觉得滑腻而不嫌其脏……我暗暗取笑自己：这可算是改变了立场或立足点了吧！”

望着干校那扇牢牢锁住的大门，他们一脚踏入泥淖，便再也逃脱不了，愤怒和怨恨更是于事无补，只能努力活在豁达幽默间，努力让二人的生活美满些。

一次晚上，杨绛看到一只猫在自己的床上放了只血淋淋的老鼠，不禁吓得战战兢兢。后来，她将此事告诉了钟书，钟书咯咯笑了起来，他边笑边安慰她说：“这是吉兆，也许你要离开此处了。死鼠内脏和身躯分成两堆，离也；鼠者，处也。”

杨绛听了，依旧高兴不已，虽然心里明白，这只是钱钟书的宽慰之言。在这贫瘠压抑的下放岁月里，归家是他们坚持下去的最大动力。

那时钟书依旧在做通讯员，常常去邮电局取书信报纸，久而久之便跟那里的人混熟了。他常常帮里面的工作人员辨认难字，那些生僻的人名地名，别人不认识，他却全认识，帮工作人员解决了不少问题，所以很受器重，每次他去，工作人员都拿出茶叶招待他。

有一次，邮电局的一位同事偷偷告诉他，学部干部收到电报，要遣送一批“老弱病残”回京，而他赫然在列。杨绛得知消息，很是喜出望外：“默存若能回京，和阿圆相依为命，我一人在干校就放心释虑；而且每年一度还可以回京探亲。”

过几日，回京的名单公布了，只是单单缺了他。他们的心，一点点沉了下去。因为误传，他们心生希冀，因为希冀，他们失了望，又徒添许多苦恼。

第一批“大赦之人”回京时，他们前去相送。“客里送人归，情怀另是一般”，他们望着一辆辆载着人和行李的大卡车开走，不禁怅然。杨绛指着窝棚说：“给咱们这样一个棚，咱们就住下，行吗？”钟书认真地考虑良久，道：“没有书。”

他说得理所当然，这个嗜书如命的男人，霎时消了杨绛悲春伤秋的情怀。他们都是喜欢看书的人，世上一天，不享受可以，但不看书，却真的可以要了两人的老命。还好那时，钱钟书的箱子里有许多字典、词典、碑帖、笔记等，供他反复把玩赏读。

只是，他们的漫漫回家路，何时是归期？

一九七一年早春，干校搬迁到信阳明港。在那里，他们住带玻璃窗的洋灰地大瓦房，宽敞明亮，生活条件好了许多。更重要的是，他们夫妻二人的宿舍只隔着一排房子，来往不过五六分钟。

这时，“文革”已不是狂刮的暴风，他们可以公开阅读些笔记和工具书。而远在北京的阿圆，除了源源不断地给他们邮寄食物外，也会寄来外文报刊，老两口偷偷看着，兴趣不减当年。

忙里偷闲时，他们也会相约去野外走走。这里景色清幽，有不少可以流连的地方。每日黄昏，他们漫无目的地走在荒野间，看夕阳晚景，看云卷云舒，好像重温了年轻时在牛津“探险”的美妙。

杨绛如是说：“我们俩每天黄昏一同散步，更胜于菜园相会。我们既不劳体力，也不动脑筋，深惭无功食禄；看着大批有为的青年成天只是开会发言，心里也暗暗着急。”

在这里，他们不能离开，却又实在不干什么，从大自然这里索取些安慰也是好的。有一次，钟书牙疼，而杨绛也患了眼疾，两人便约了日子，一同请假去信阳看病。

那时，信阳医院新发明了一种“按摩拔牙”——按一下，拔一牙。钟书不敢尝试，两人便逃出去玩了。一时兴起，他们溜到一个景点胜地，却奈何胜地无胜景，只看到土墩“山”，半干的水塘“湖”，一座破败的长桥，及山坳里的几畦药草……

虽然没邂逅美景，也没与好玩的东西狭路相逢，但他们依然快活，如逃课的孩童那般新奇。

杨绛的眼疾没有好，她又去了一趟信阳，医生说泪道楦裂了。眼睛是心灵的窗口，自然马虎不得，她决定回北京医治，但军宣队并不答应，最后她只得去学部领了证明，才算请了假回京。

杨绛回了北京，只留钱钟书一人在干校。虽然她也担心钟书的“痴气”，但想着时间不长，便硬着心肠回了。岂料她刚走不久，钟书便生了一场大病。

他犯了气喘，还高烧四十度，当时他们干校的医务员还是个小姑娘，连赤脚医生都算不上，哪见过这么大的阵仗！她紧张得浑身冒汗，大着胆子帮他扎了静脉针，这是她平生第一次，扎完针后，连那结扎用的橡皮带都忘了解开。

这个医务员小姑娘，大着胆子帮他扎的两针，竟然真的奏效了。他的高烧逐渐退了，当杨绛看完眼睛，同女儿阿圆一起返回干校时，他的病已经基本好转。不知该说小姑娘天赋好，还是钟书运气好，只是这个小姑娘很是可爱，常常指着自己的鼻子，晃着脑袋，对钟书说自己是他的救命恩人。

看着钟书这般大病初愈的模样，杨绛很是心疼，并且暗暗决定再不放他一人。她很是感激地说："真是难为她。假如她不敢或不肯打那两针，送往远地就医只怕更糟呢。"

一九七二年三月，第二批"大赦之人"送回北京，这一次，他们夫妻二人皆在名单之上。天无绝人之路，他们终于熬过了这段难挨的岁月。杨绛如是写道："希望的事，迟早会实现，但实现的希望，总是变了味的。"

所谓的变了味，不是她不再想回去，而是希望干校所有的同伴都能回去。但她也知道，既然有第一批、第二批，第三批、第四批也不会太远。所以她私心窃喜着，为能早些回家去。

这次依旧不能回北京的同伴们，为他们举行欢送宴，钟书和杨绛吃了好几顿汤圆，还吃到了难得的荠菜肉馄饨。看着这一张张真心替他们高兴的笑脸，杨绛不禁感到些许汗颜："人家也是客中，比我一年前送人回京的心情慷慨多了。而看到不在这次名单上的老弱病残，又使我愧汗。但不论多么愧汗感激，都不能压减私心的忻喜。这就使我自己明白：改造十多年，再加干校两年，且别说人人企求的进步我没有取得，就连自己这份私心，也没有减少些。我还是依然故我。"

或许，这就是干校岁月的意义所在吧。八年后，杨绛想起这段往事，依旧历历在目，清晰如昨日。于是，她做了一篇散文《干校六记》以表纪念。她说，这一段生活是难得的经验。

有人说，愤怒出诗人。在这场汹涌澎湃的"文化大革命"中，大批的知识分子，如钟书、杨绛这般受尽屈辱和折磨。随着革命偃旗息鼓，走入尾声，他们的痛苦和愤怒全面爆发，开创了新时期新的主流——“伤痕文学”。

那段日子，杨绛也写了不少“文革”记事，如《控诉大会》、《打一次下乡》、《丙午丁未记事——乌云与金边》等，但她的文章，没有声嘶力竭的呐喊，也没有剑拔弩张的愤怒，她只是用自己质朴的语调，平淡地叙述自己这几年的生活经历，有笑声，也夹杂了泪痕。

超然间，回首过往，她已将一切看淡。所以她只是冷静地记述着，偶尔自嘲一下，但是作为读者，我们分明可以真切感受到她那时的笑容背后的辛酸。

这样倔强柔软的女子，总是让人动容心疼的。后来，她极具生活性和艺术性的散文《干校六记》被评为全国优秀散文，还被翻译成多国语言出版，远销海外。

世界原本的轨道

还是这座城，红墙黄瓦的宫殿，深邃绵长的长安街，一派悠然的四合院……漫步桥头，看着那穿梭着的人群，他们知道，一切并不是午夜梦回的一场春梦，他们真真切切地回来了。

据说，他们的归来，是周恩来总理的指示，总理调钱钟书继续参加毛泽东诗词的英译工作。不久后，他们开始照领工资，一年后，又相继走出"牛棚"。虽然他们仍然是最受欺负的人，但已经不是受尽欺侮的时候。

世界正在向着原来的轨道慢慢回归……

他们的家一直被造反派的那对夫妻占着一半，他们不愿回去。家有强邻，当时的批斗他们还心有余悸，从干校回来后，他们只好再度流亡，直接住进了文学所的办公室。这一住，便是三年。

世间正义常在。文学所里的一些年轻人，对他们老两口很是崇敬，便主动帮他们打扫房间，擦拭门窗，还配好了锁钥。当他们知道钟书有哮喘，遇冷容易咳嗽，还特意为他们装上了炉子。看到这样善良细心的年轻人，他们的心也温暖起来。

他们就这样安顿了下来。那时的钱钟书兢兢业业，除了潜心翻译毛泽东诗词，白天便在学部开会学习，偶尔打打杂，抽空也看些书，那时环境似乎已没那么苛刻，他多多少少有了些许言论自由。

七情万象强牢笼，妍秘安容刻划穷。
声欲宣心词体物，筛教盛水网罗风。
微茫未许言诠落，活泼终看捉搦空。
才竭只堪眈好句，绣鞶错彩赌精工。

这是他在一九七三年八月寄给诗人王辛笛的一首《说诗》。他在整首诗中直言不讳地表达了自己对诗歌的美学观点。他说，写诗不应一味写实刻画，也不能一味辞藻堆积，而应将心赋物，如筛盛水那般虚虚实实。诗歌的美，在于意境，不落言筌，活泼空灵。

江郎才尽矣，他说自己达不到如此的意境。

他不再缄默不言，偶尔也作首诗说说自己的看法。其实，这场如火如荼的“文化大革命”已经走向尾声，蓦然回首时，他们只觉做了一场噩梦，如今，梦醒了，世界也将回归原位。

十年“文革”，十年磨难，多少正直的文人学者被迫害致死，又有多少无辜的知识分子不堪受辱而自杀。他们的朋友傅雷夫妇、吴晗都用自杀来控诉“莫须有”的阴谋，而杨绛的小妹妹阿必也于一九六八年去世，有人说她是自杀，只是杨绛不相信。

她说："我知道阿必的脾气，她绝不自杀。军医的解剖检查是彻底的，他们的诊断是急性心脏衰竭。"无论怎样，她最美丽的小妹妹，就这样死在了"文革"时期，用最安详的方式死在了睡梦里。

一九七四年，阿圆嫁人了。自从女婿德一去世，晃眼便过了五六年，看着茕茕孑立的女儿，他们实在放心不下，如今总算了了一件大心事。

她嫁给了曾经帮助过的一个被红卫兵迫使扫大街的老太太家的儿子。一次偶然的相遇，这个受过高等教育的老太太便认定这昔日的"恩人"做自己的儿媳妇。起先阿圆没有同意，老太太便把工作做到了他们夫妇这里。

两人见了她家儿子，皆认为是女儿可以托付终身的伴侣，便点头答应两人交朋友。只是阿圆知道后，说："妈妈，我不结婚，我陪着爸爸妈妈。"

丈夫的离世，终究是伤了这个聪慧的女子。看到阿圆这般模样，杨绛不忍勉强她，只说一句："将来我们都是要走的，撇下你一个人，我们放得下心吗？"便不再提。

她是孝顺孩子，自然懂得母亲话语中的疼爱。只是固执的老太太那边依旧努力不懈地撮合着。最终，她的心融化在这一池春水下，情愿地嫁了。对此，杨绛满足地说："我们知道阿圆有了一个美好的家，虽然身处陋室，心上也很安适。"

那几年，杨绛重新着手《堂吉诃德》的翻译，而钱钟书也会悄悄避开造反派的视线，偷空写《管锥编》，这个“偷空”可谓是名副其实，他用的便是从造反派那里偷来的一分一秒来写作。

只是如今的他很是虚弱，干校的那场大病，他虽然死里逃生，但体质终究不抵当年。一九七四年，他因为感冒引发了哮喘，经过了四小时的抢救才脱离生命危险，但这一次，他也因大脑皮层缺氧，状如中风般反应失常，经过一年的训练才得以康复。

康复后，他越发觉得时间宝贵，便孜孜不倦地投入《管锥编》的写作之上，连“文革”后期的国宴邀请，他都不止一次地拒绝了。他写《管锥编》，主要参考自己曾经的笔记，一向支持丈夫的杨绛，专门请了两个年轻人做保镖，杀回原来的家中，为他寻找笔记。

他们的家，已然荒废太久，处处尘土飞扬。杨绛在这里待了整整两天，饱餐尘土，终于整理出了丈夫五大麻袋的笔记，运回了办公室的住处。

整整五麻袋，堆积起来如小山一般，这便是钱钟书多年来读书的心得，也是他著书时旁征博引的丰富素材。因为它们，他在这样艰难的条件下，耗时两年，写完了这部历史巨作《管锥编》。

一九七五年，他请自己很是信赖的老编审周振甫来家里吃饭，席间，他将自己辛苦创就的几袋手稿拿给了周振甫，请他拿回家看，并希望他看后提些意见。

周振甫听后，很是高兴，因为他知道，这是个例外，钱钟书的手稿是从来不外借的。这个曾经审阅过钱钟书《谈艺录》的编审，拿回家后，便迫不及待地读了起来，还认真地将书中引言同原文一一核对，然后真挚地提了些补充意见。

后来，钱钟书充分融合了周振甫的意见，使这部书更臻完美。对此，他还特意在序中感谢道：“命笔之时，数请益于周君振甫，小叩辄发大鸣，实归不负虚往，良朋嘉惠，并志简端。”

一九七六年，中共中央政治局执行党和人民的意志，彻底粉碎了“四人帮”，“文化大革命”这场十年浩劫也彻底没了踪迹。这一次，学术界和思想界从禁锢中解放出来，知识分子也重获了新生！

他们自由了，不仅恢复了名誉，还光明正大地回到了阔别已久的家，从此后，他们再不用偷偷摸摸地创作翻译了。更重要的是，那些积压多年的佳作名篇，也得以重见天日。

一九七八年，杨绛翻译的《堂吉诃德》出版了，人民文学出版社印行十万册，很快便销售一空。这是中国历史上首次将西班牙语文学翻译成汉语，对两国间的文学交流有着极其重要的意义。

杨绛曾经谦虚地说：“我的领导对《堂吉诃德》这部举世闻名的杰作十分重视，急于要介绍给我国读者，就叫我来翻译，我出于私心爱好，一口应承，竟没有考虑自己是否能胜任。”

事实证明，她这个被朱光潜大师推崇的翻译家，不仅能够胜任，还翻译得颇为出色，连应邀来访的西班牙国王及王妃都肯定了她的成绩，还专门会见了她。

外国的一位文学专家如是评论说：“翻译要达到这样的境界，除了中外文根底，丰富的学识之外，似乎还需要一点灵气，一种创作家的艺术分寸感……她的译文脱离了匠气，升华为一种艺术。”

还有一位专家评价她说："杨绛之所以不同于一般译者，在于她不是用一般语言干巴巴地在做线条式的翻译，而是用符合原作精神的色彩绚烂的文学语言去临摹一幅原画，所得到的自然是一件有血有肉的丰满的艺术品。其效果仿佛原作者在用汉语写作，而对译者来说，则如同自己在进行艺术创作。"

他们的评价，字里行间蕴藏的都是杨绛的魅力。她的聪慧，她的天分，她的努力，她的豁达，成就了这样不朽的篇章。

一九七九年，《管锥编》第一辑由中华书局出版了。第一辑，共有四册，洋洋百万言，堪称钱钟书最具宏伟气魄的著作。他在序文中写道："初计此辑尚有论《全唐文》等书五种，而多病意倦，不能急就。"

这是一部用典奥文言文写成的对中国古代文化的学术研究著作。他采用札记形式，概括古今，囊括中外，主要对《周易正义》等十部分属经、史、子、集的重要典籍进行艺术研究，内容堪称渊博浩瀚中的典范。可以说，任何想要研究文史哲的学者，都必看《管锥编》。

《韩诗外传》有云："譬如以管窥天，以锥插地——所窥者大，所见者小，所以刺者巨，所重者少。"他取"管"、"锥"二字，喑喻自己实乃管中所窥，锥之插地，小见也。

只是他虽然在自谦，却对这部比《谈艺录》还要古奥的巨作颇为满意。这便是他的著作，博极群书，古奥难懂，许多年后，有人建议将《管锥编》译成白话文，以普及"钱氏学问"，只是到了二十一世纪的今日，也没有在市面上看到所谓的白话文版本的《管锥编》。

每本书，都有它的定位。钱钟书的书籍，便是为自己而著，为那些学富五车的兴趣之人所著，曲高自有知音在，那些看不懂的人，又有什么关系呢？

卷八

Chapter · 08

一世围城：触不到的思念

看破浮名后，最令自己开心的，莫过于一家三口的简单幸福。六双真挚的眼睛，构成一座温暖的三人之城，他们活在自己的国度里，简单快乐。

在钱钟书与杨绛心中，彼此都是自己一生中最重要的人，无论在什么时候，发生什么事情，一想到家中温馨的画面，就暗然欢喜，仿佛世界上的恶都没有了，只剩下善良与美好。

相思染指年华，为爱已望断天涯，今生的你是我胸口的一颗朱砂痣。只是来世那棵开满樱花的树下，你会等我吗？

盛名之下

从《围城》到《管锥编》，他是中国最渊博通才的学者作家；从《小癞子》到《堂吉诃德》，她是现代最清新脱俗的翻译家。他们这对才子佳人，是文坛最惹眼的情深伉俪，相伴相随。

“文革”结束了，思想的枷锁打开了，通往世界的国门也重新开启。一九七八年，女儿阿圆拿着全额奖学金赴英留学，老两口很为女儿高兴，但也被思念的滋味折磨得好苦。杨绛说：“一年后又增加一年，我们一方面愿意她能多留学一年，一方面得忍受离别的滋味。”

而他们这对享誉海内外的夫妇，也不止一次受邀走出国门，去记录世界的变化，去传播中国文化。杨绛如是记述：“这段时期，钟书和我各随代表团出国访问过几次。钟书每和我分离，必详尽地记下所见所闻和思念之情。”

一九七八年九月，钱钟书去了意大利，应邀参加第二十六届欧洲汉学会。这是他自解放后第一次参加国外的学术会议。在会上，他用一口流利的英文，旁征博引，侃侃而谈，即兴做了题为《古典文学研究在现代中国》的报告。

他在会上见到了法国、捷克和俄罗斯的三位翻译家，也收到了他们赠送的被译成不同语言的《围城》。走出国门，走出封闭了几十年的中国学术圈，他宛如脱缰的马，自由驰骋在辽阔的天空，竟然惊喜地发现，原来《围城》在国外的评价如此之高。

会后，不少外国学者纷纷奔向他，争出高薪，邀他去自己国家讲学，其中也包括他的母校英国牛津大学。他一一谢绝了，年纪大了，他不想离家太远，更不想离杨绛太远。

一九七九年四月，中国社科院分别派代表团出访法国、美国，钱钟书与杨绛赫然在列，只是一个美国，一个法国。

法国巴黎，这座浪漫的城，这个有情调的王国，承载着他们大量的回忆。这一次，杨绛重新回到这里，换了个身份，也缺了钟书，只觉恍如隔世。中国一年，世界一年，如今她已经长了白发皱纹，而这里的街景还一如往昔。

除了访问，她便泡在图书馆，流连在那些法国名著之间，她还寻出了法国对《堂吉诃德》的新译本以及新的研究成果。她是学者，是翻译家，走到哪里都不忘使命，她要让自己的翻译力臻完美。

远在美国的钱钟书，边走边看，边感受美国大学的文化风韵。哈佛大学、耶鲁大学、哥伦比亚大学……这些在世界上首屈一指的名校，他们代表团一一走过，而钱钟书也见到了著名学者夏志清。

自古英雄惜英雄，他们相识于二十世纪四十年代，只是后来一个在国内，一个在美国哥伦比亚大学教书，竟是几十年不曾相见。出国前，钱钟书给夏志清去了信，特邀相见：

志清吾兄教席：

阔别将四十年，英才妙质时时往来胸中，少陵诗所谓“文章有神交有道”，初不在乎形骸之密、音问之勤也……弟明日启程，过巴黎来美，把臂在迩，倚装先履一书，犹八股文家所嘲破题之前有寿星头，必为文律精严如兄者所哂矣。

四月二十三日，他们一行人到访哥伦比亚，而夏志清与钱钟书也如约相见。夏志清如是写道：“钱钟书的相貌我当然记不清了，但一知道那位穿深灰色毛装的就是他之后，二人就相抱示欢。钱钟书出生于一九一〇年阳历十一月二十一日（根据代表团发的情报），已六十九岁，比我大了九岁零三个月，但一无老态，加上白发比我少得多，看来比我还年轻。”

两人时隔多年，只觉分外亲切。他们从夏志清的《中国现代小说史》说起，促膝长谈，很是酣畅淋漓。他们谈生活，谈创作，谈国内“红学”研究近况，谈彼此对当前学术界的看法……

下午，在夏志清的带领下，他参加了研究室的一个小型座谈会。临时起意时，他有问必答，语惊四座。有人说，从来没有听过这样漂亮的英文口才，夏志清更是尊称他为“中国第一博学鸿儒”，他说：“我国学人间，不论他的同代和晚辈，还没有比得上他的博闻强识、广览群书的。”

第二日下午，著名女作家於梨华特意从纽约赶来，只为见见这位博闻强识的偶像。在夏志清的引荐下，三人一同吃了晚餐，在席间，他们杂事琐忆话旧，氛围颇是轻松愉快。

尽兴而来，尽兴而归。钱钟书随代表团去了旧金山，访加州大学。临行前，他对夏志清说，留些话将来再说，反正后会有期。

他是传奇，走到哪里都能赢得赞誉。在加州，有一个德文系的教授直叹他是自己见过的最优秀的知识分子。当然一片轰动间，也会夹杂几句不和谐的声音，一个叫费景汉的人说："我自己倒不觉得钱钟书怎么样，语言流利、背诵出几首诗并不能成为伟人，一位伟大的思想家，总要拿出自己的一套思路、分析方法，光背诗怎么能算数呢？"

他说得不无道理，但放到钱钟书身上恐怕就有许多人不敢苟同了。古今中外的诗词歌赋，他能信手拈来，用得恰到好处，这是他的本事。但他的创作才能，他的《围城》、《管锥编》等，皆是世间不可多得的巨作，怎能说他"光背诗不能算数"？

访美归来时，他曾闭门总结，做了一篇《美国学者对中国文学的研究简况》，被收录于《访美观感》之中。他的这次访美，在国内外引起很大反响，成为学术界颇为时髦的话题，连他的老友黄裳也写来贺信，祝贺他访美圆满成功。

对此，钱钟书回信说："奉书失喜，年光逝水，世故惊涛。海上故人零落可屈指……契阔参商，如之何勿思也。弟无学可讲，可讲非学，访美时绝未登坛说法。彼邦上庠坚邀，亦皆婉谢……"

他淡泊名利，只求在这红尘间，与杨绛饮茶话往事。看着海外报刊对他的大肆渲染，钱钟书很是不以为然，当别人要为他写书，要采访他时，他也只淡淡一句："自传不可信，相识回忆亦不可信，古来正史野史皆作如是观。"

一九八〇年十一月，他应邀去日本访问讲学。从东京到京都再到名古屋，因为不通日语，他不能像在欧美那般挥洒自如，但他别样的风采，依旧震慑了日本的汉学家们。

犹记得，二十多年前，小川环树对《宋诗选注》的书评解了他在国内的批判，而如今，这位日本的汉学权威，也正酝酿《围城》及《宋诗选注》的翻译事宜。

他在日本京都大学开了个小型的座谈会。会上，他称赞了小川环树及已去世的吉川幸次郎两位日本汉学大家的优良学风，还谦逊地表示自己对《宋诗选注》的不满意，也提到当时的"艺术性"与"政治性"的冲突。

他还在爱知大学做了一场即兴演讲。当时的翻译知道他学富五车，喜欢在演说时引用大量中西名言，怕翻译不好，便请他拟个发言稿。钟书欣然应允，随手拿来几页信笺，洋洋洒洒便写了满满五页，连礼节性的开头都是趣味横生：

先生们出的题目是《粉碎"四人帮"以后中国的文学情况》，这是一个好题目，好题目应当产生好文章；但是这篇好文章应当由日本学者来写。中国老话说："旁观者清，当局者迷。"又说："不识庐

山真面目，只缘身在此山中。”西洋人说：“A spectator sees most of the game。”贵国一定也有相似的话……

他访日归来时，《围城》再版了，这本绝版三十多年的巨作，再次走入国人视线，走到与《阿Q正传》比肩的位置，可谓风靡一时。后来，杨绛问他，想不想再写一部小说，他如是回答说：“兴许也许还有，才气已与年俱减。要想写作而没有可能，那只有遗恨；有条件写作而写不出来的不成东西，那就只有后悔了。遗恨里还有哄骗自己的余地，后悔是你所学的西班牙语里所谓‘面对真理的时刻’，使不得一点儿自我哄骗、开脱或宽容的，味道不好受。我宁恨无悔。”

禁锢了几十年，他从闭关锁国的小圈子，走向世界的大圈子，只觉湛蓝明媚，清新愉悦。但这一圈下来，也够了，他不愿再舟车劳顿地奔波，只想与家人日常相守。活了大半辈子，这一刻已豁然开朗，除了家人情意，一切都是身外之物。

他只想守着一世围城，种花养鱼，做做学问，在一片安然间颐养天年。只是盛名之下，总免不了拜访邀请。一九八二年六月，钱钟书被聘为文学所顾问。在他的竭力推辞下，职位免除了，他很是开心地说：“无官一身轻，顾问虽小，也是个官。”

他总是一副闭门谢客的模样，对登门拜访者也是避之唯恐不及，只是却也耐不住一次又一次的突然袭击。一天，社科院特地派车召他开会，他不好拒绝，便硬着头皮去了。谁知，乔木同志“趁火打劫”“逼上梁山”，要他和夏鼐做社科院副院长。

乔木说：“你们两位看在我老同学面上……”

其实，事先他已经与夏鼐谈妥，这一次只是为了“逼钱钟书就范”。钟书不好推托，只得说自己没时间。乔木说：“一不要你坐班，二不要你画圈，三不要你开会。”

钱钟书又说，自己刚刚推托了文学所的顾问，别人会笑他辞小就大。乔木又回答说：“我担保给你辟谣。”这一次，他的老同学可谓有备而来，他推托不下，只得应允。回到家，杨绛取笑他说：“这番捉将官里去也。”

还记得张爱玲年轻时的那句话——“出名要趁早”。岁月长河里，轻飘飘的旧时光悄然溜走，虽然不知这个孤傲的传奇女子，是否也曾为盛名所累，但钱钟书，却是真真切切地无奈了。

杨绛如是说：“他并不求名，却躲不了名人的烦扰和烦恼。假如他没有名，我们该多么清静！”

三人之城

于年轻人而言，轰轰烈烈总是爱情的最强音。在躁动的青春岁月里，身体里的激素像是不安分的种子，总要绽放出一些热血情节，生出缠绵纠缠的枝枝蔓蔓。可在时间老人的阅历里，所有的结局都有相似的模式——当风花雪月的故事结出果实，一切总会开始归于平静。

经历了时光的颠簸，平淡相守总是显得更加真切，它是看得见摸得着的笑容与温暖，生长在每一个生活的细枝末节里，滋养着信任、体谅、扶持和默契，产生胜于甜言蜜语的魔力。

同外在的花花世界相比，钱钟书更喜欢静静窝在家中，与灵魂进行对话。他懒得出门，也懒得和不相关的人发生无聊的接触。一道浅浅的门槛，对他来说就像是一道高墙，墙内是安稳平和的世界，自己宛如一个栖息的婴儿，随心所欲，肆意畅想。而一旦出去了门槛，他就感觉自己好像失去了什么东西，安全感顿消。

岁月留下的，不仅只有精神世界里的沉浮，人终究是血肉筑成的存在，会面临疾病，也会面临衰老。钱钟书多年熬夜伏案，身子已大不如从前。尤其是高血压，成了他最大的困扰。

他在给夏志清的信中就经常介绍自己的健康状况，说自己常年服药，为的就是控制住高血压，想来身体不好应该多运动，但自己年纪大了，对此越来越不上心，最后干脆就不做运动，也乐得自在许多。

不喜欢出去跟人打交道，哪怕是再高的学府来请他，他都不为所动，他有自己的坚持。不过，偏执狂哪里都有。你不来，我却要坚持请你，这也是人家的权利。

除此之外，因为声名在外，崇拜者也越来越多，总有些慕名而来的学者或文人，想要拜访这位奇才。来的人多了，也不好全都挡在门外，所以钱钟书家中几乎是来客络绎不绝。钱钟书从美国回来后，家中就成了会客的场所，多数是美国人。钱钟书不堪其扰，十分痛苦，有时候甚至因外人带病毒入家而感冒。钱钟书有哮喘，一旦感冒，就很不容易好，但他从来不因为自己生病而对生活丧失乐观。

一家人，六双真挚的眼睛，构成一座温暖的三人之城。他们活在自己的国度里，简单快乐。

在钱钟书与杨绛心中，彼此都是自己一生中最重要的人，无论在什么时候，发生什么事情，一想到家中温馨的画面，就暗然欢喜，仿佛世界上的恶都没有了，只剩下善良与美好。爱情在经历过风雨之后，有了亲人般的恒温，这就好比酒的提炼，最后剩下的，最甘醇。

钱钟书的病总是不时复发，折磨着他的身心。杨绛的身体也不如从前好，但她坚持伺候病中的钱钟书。到了夜深人静的时候，她会竖起耳朵仔细地听钱钟书的呼吸声，如果他的呼吸有杂音，说明哮喘开始犯，就准备好给他端水拍背，如果钱钟书的呼吸十分均匀顺畅，她就会异常高兴。可惜这种情况实在是不多见，钱钟书的哮喘基本上每天都要犯一次，尤其是到了半夜，阴气上升，抵抗力下降，往往折磨得钱钟书大半夜睡不好觉。

英国出生的女儿钱瑗，是二人的掌上明珠，自幼生长在如此的书香世家，钱瑗的见识与视野十分不凡。她从小英语就好，长大后成为一名知名的学者。据杨绛的回忆，钱瑗对自己的工作付出了所有的心血。

学问是三人共同的爱好，而三人的关系更是与众不同。在家中，钱钟书不需要有任何的拘束，他们不分大小，甚至没有固定的称呼，可以随意取笑。杨绛说，我们仨，却不止三个人，每个人摇身一变，可变成好几个人。

在家里，钱钟书时常像个长不大的顽童，钱瑗常说："我和爸爸最哥们！我们是妈妈的两个顽童，爸爸还不配做我的哥哥，只配做弟弟。"没有传统的家庭角色定位，钱钟书一家拥有格外多的欢声笑语。

有时杨绛觉得，钱钟书是自己与女儿共同的老师。三人近在咫尺，她们如有问题，问一声就能解决，可是却绝不打扰他，往往都勤查字典，到无法自己解决时才发问。在某些时刻，钱钟书的形象很高大，不过落实到穿衣吃饭的小事上，杨绛母女则把他当孩子般照顾。

钱钟书与女儿会联成一帮向杨绛造反，例如杨绛出国期间，父女二人连床都不铺，直到杨绛快要回来的当口，才匆忙整理。杨绛回家后，阿圆轻声嘀咕："狗窝真舒服。"

杨绛和女儿也会联成一帮，笑钱钟书是色盲，只识得红、绿、黑、白四种颜色。他们大肆取笑钱钟书的种种笨拙，换来毫无芥蒂的开心笑声。

一次，钱钟书对钱瑗捣乱，将钱瑗的皮鞋放到床上的凳子上，并且塞满了东西。倒霉的是，被钱瑗抓了个正着。钱瑗就充当猎手，将自己抓获爸爸的事实报告给妈妈邀功，而钱钟书将自己的身子缩得不能再缩，笑得直不起腰来，嘴里还念叨道："我不在这里，我不在这里。"杨绛形容当时自己能隔着钱钟书的肚皮看到他肚子里的"笑浪"。

多年后，当杨绛怀着深深的思念写下如上回忆的《我们仨》，在貌似平淡如水的生活碎片里，却处处都充盈着温暖。来不及防范的时候，世界总会刮起龙卷风，向人们安稳的生活示威。可心中有一处港湾，住着淳朴与关怀，就是拥有了自己的王国，还有一份只属于自己的、忠实的、可爱的那份感情。

生活中最需要歌颂的，正是安详宁静的美感。它不急不缓，却永恒成为世界的一抹暖色。它出现在钱钟书的三人之城里，点缀了最美的记忆。故事里，"我爱你"不是高频说起的台词，而是融化在三人眼里的情意，醉了年华，惊艳了时光。

一别，竟是永生

岁月无情催人老。人生如梦，幻质匪坚，原来年华走得如此之快，不知不觉间，他们已到了眼花耳聋、鹤发鸡皮的年纪。

一九八三年，钱钟书七十三岁。他向乔木辞职说：“尸位素餐，于心不安。”乔木听后哈哈大笑，说他“不着一字，尽得风流”，只是辞职之事，他并没有批准。

那就罢了，反正他只是挂个空名而已，没有必要太较真儿。已是古稀之年，他已将一切看淡，人活一辈子，没有必要与自己过不去。

他们把家搬到了三里河沙沟的“知高楼”。那里优雅别致，住着也宽适舒心。更重要的是，这里离阿圆的学校近，离女婿的单位也近，来往颇为方便。杨绛说：“自从迁居三里河寓所，我们好像跋涉长途之后，终于有了一个家，我们可以安顿下来了。”

杨绛说：“我们就像老红木家具，搬一搬就散架了。”这一年，她推辞不过，去西班牙和英国出访一遭，回来后便打定主意哪也不去了。钱钟书和杨绛如陶渊明那般，“门虽设而长关”，只在家里看书写字，惬意过日子。

只是总有些记者、编辑、崇拜者蜂拥而至，他们大多礼貌地拒绝，甚至诚恳地奉劝不要再研究《围城》和所谓的“钱学”。只是有时，我们可爱的钱钟书也会“淘气”一下，对一个想要求见的英国女士说：“假如你吃了一个鸡蛋觉得不错，何必认识那下蛋的母鸡呢？”

只是还是会有突如其来的“闯入者”，打乱他们如水般安宁的生活。一九八五年，一个中国新闻社香港分社的记者来了北京，采访了不少文坛名人，却单单缺了钱钟书。于是，她便通过《文艺报》编辑部的吴泰昌与他联系。

电话这端的钱钟书听罢，立刻警觉起来：“这不是引蛇出洞吗！谢谢她的好意，这次免了。”但这个记者小姐也是个倔强之人，电话相约不成，便直接拉着吴泰昌登门来访。

他们站在钱钟书夫妇门前，按响了门铃。门应声而开，正是钱钟书本人，他看清来人，不禁哈哈大笑着说：“泰昌，你没有能引蛇出洞，却又来瓮中捉鳖了……”

他看了看一旁含笑的记者小姐，便客客气气地请他们进来。或许是为了不虚此行，这位记者小姐一点也不含糊，单刀直入地开始了提问，他本想打打太极糊弄过去便万事大吉，谁知这位小姐很是伶牙俐齿，他只能缄默不言，实在避不开时，才一一回答了提问。

他虽然整日闭门自守，却并不乖僻，遇到喜欢的年轻人，依旧会“蓬门今始为君开”。一次，香港的书评专栏作家黄俊东也登门拜访，想要见见自己崇拜已久的学者先生。只是这个本就不善言辞的小伙子，见了钱钟书后，更是紧张得木讷寡言。钱钟书看他这样，很是亲切地同他攀谈，还特别答应与他合影留念。

只是，并不是每个人都如他这般幸运。有位在世界上很是出名的美籍华人记者，被他无情地拒之门外，而万里迢迢前来拜访的诺贝尔文学奖评奖委员马悦然，得到的也不过是几句冷嘲热讽："你跑到这儿来神气什么？你不就仗着我们中国混你这碗饭吗？在瑞典，你是中国文学专家，到中国来你说你是诺贝尔文学奖评奖委员会的专家，你说实话，你有投票表决权吗？作为汉学家，你在外面都做了些什么工作？巴金的书译成那样，欺负巴金不懂英文是不是？那种烂译本谁会给奖？中国作品就非得译成英文才能参加评奖，别的国家都可以用原文参加评奖，有这道理吗？"

他便是这样的人，敢爱敢恨，敢说敢做。当遇到真诚的人，他便是和蔼可亲的长者，而遇到满脸傲色的势力之人，也会毫不留情地让他吃闭门羹。

《围城》自重印以来，一直是风靡全国的热门话题，于是很多人便动了改编成电视剧的念头，著名导演黄蜀芹便是其中之一。对此，钱钟书曾不止一次地谢绝说："拙作上荧屏不相宜。"但奈何改编的念头太过炽烈，他阻止不了，只得由着去了，既不赞成，也不反对。他如是说："看来剧作家要编戏，正像'天要落雨，娘要嫁人'，也是没有法儿阻止的。中央电视台有一位同志曾写信要求改编《围城》，我不支持，但不阻拦。我很惭愧，也很荣幸。"

一九八九年，黄蜀芹他们经过三年的努力，终于完成了电视文学剧本的改编，开始筹划拍摄事宜。为了使作品更好地呈现原貌，他们拜访了钱钟书的好友柯灵。柯灵对他们说：“我劝你们最好找杨绛。”

他们与钱氏夫妇并不相熟，也知道二人不喜外人来访，便请柯灵帮忙写了介绍信，内心忐忑地杀去钱氏住宅。他们战战兢兢地敲了门，当那个鹤发的老太太微笑着请他们进去时，他们才算松了一口气。

他们相谈甚欢，从《围城》的创作一直聊到改编经过。接着，黄蜀芹谈到了筹拍过程中的困难：“书中趣味横生幽默绝伦的比喻，要转化成为影视形象非常困难，既要保持小说的原貌，又不得违反电视特点，很难办，因此就采取通过延伸人物对话把这些比喻用进去，其他用不进去的就采取旁白的方式把这些精彩的文字读出来。”

钱钟书听后，笑着说：“媒介物就是内容，媒介物肯定作品。用电视、戏剧来广播，它的媒介物跟意义就不同了。就不能把原来的内容都肯定，诗情要变成画意，非把诗改掉不可；好比画要写成诗，一定要把画改变，这是不可避免的。这种改变是艺术的一条原则。”

而当黄蜀芹说她担心自己不能形象地将他的完美小说变成电视剧时，钱钟书笑着鼓励道：“你是导演，导演是新作者，莎士比亚的戏可以改成京剧，所以，Auteurism 可以信赖，我可以沾光。我是不会有什么意见的。”听着钟书亲切幽默的话语，他们只觉信心倍增。两天后，他们再次登门，聆听二人对剧本的意见。老两口已将剧本通透地读过了，杨绛更是写了几十条修改意见，她说：“现在的剧本比我们想象的要好，我对剧本最大的意见是开头。小说是文字写的，轻描淡写地记载了几桩事，不是给人很深的印象。现在变成形象，这个印象就深了，好像方鸿渐是个骗子……”

他们的意见，黄蜀芹一一记下。有了老两口的大力支持，《围城》的拍摄提上了日程。一九九〇年，筹备了这么多年的《围城》终于在中央电视台播出，钱钟书的这部倾世巨作就这样呈现在千家万户面前。

杨绛笑谈：“钟书的小说改为电视剧，他一下子变成了名人。许多人慕名从远地来，要求一睹钱钟书的风采。他不愿做动物园里的稀奇怪兽，我只好守住门为他挡客。”

他本就炙手可热，如今更是势不可当。他每日都收到许多慕名者的信笺，而他每封必看，每封必回，还美其名曰“还债”。只是虽然回信不过是些礼貌性的答谢，但来信实在是太多，这“债”总是还不清。

这年初冬，因气候骤寒，他的哮喘犯了，好在送医及时，他委顿数月便恢复了正常。岁月静好，现世安稳，老两口相伴相随，每日依旧相对读书，默契十足。

只是滚滚红尘，没有单纯的快乐，也没有童话故事那般的幸福永远。杨绛如是说：“人间也没有永远。我们一生坎坷，暮年才有了一个可以安顿的居处。但老病相催，我们在人生道路上已走到尽头了。”

一九九四年夏，钱钟书再次入院，杨绛每日衣不解带侍奉床前。一九九五年冬，钱瑗因肺癌住进西山脚下的医院，担忧不已的杨绛只得每晚通电话，偶尔相见时，也只匆匆一瞥。

一九九七年早春，钱瑗因病去世，享年六十岁。一九九八年年末，钱钟书也去世了，享年八十八岁。

世间好物不坚牢，彩云易散琉璃脆。

虽然早知他们时日无多，但当世上两个最亲的爱人相继离世，她依旧感到猝不及防的伤痛。她说：“我们三人就此失散了。就这么轻易地失散了……现在，只剩下了我一人。”

说好永远的，不知怎么就散了，那个叫作张爱玲的女子如是写道，人生有时候，总是很讽刺，一转身可能就是一世。

一别，竟是永生。

从此，世上再无钱钟书，斯人已远，唯有文字芬芳依旧，唯有爱情永世不朽，问这世间，谁能与你堪比？

时光深处等你

他走了，留她世间一人。时光错落，唤不回昔日怜爱的对望；岁月悠然，触不到曾经最爱的容颜。在《我们仨》的开头，她的语言依旧朴实平淡，却也分明透露着恓惶难过的情绪：

有一晚，我做了一个梦。我和钟书一同散步，说说笑笑，走到了不知什么地方。太阳已经下山，黄昏薄暮，苍苍茫茫中，忽然钟书不见了。我四顾寻找，不见他的影踪。我喊他，没人应。

只我一人，站在荒郊野地里，钟书不知到哪里去了。我大声呼喊，连名带姓地喊。喊声落在旷野里，好像给吞吃了似的，没留下一点依稀仿佛的音响。彻底的寂静，给沉沉夜色增添了分量，也加深了我的孤凄。

他们仨就这样失散了。她说："我清醒地看到以前当作'我们家'的寓所，只是旅途上的客栈而已。家在哪里，我不知道，我还在寻觅归途。"

不知是谁说过，家是一个人点亮灯在等你。伊人已逝，再没有人为她点燃温暖的火焰，但爱长久，在那盛满回忆的锦瑟时光里，她依旧可以就着这么多年的点滴温情取暖。

她写了《我们仨》，用一个妻子、母亲的亲情流露，记录一家人纯美的生活轨迹。她认真为丈夫整理着那几麻袋的读书笔记，她知道这是钟书一辈子的学问宝库，自当竭尽全力，用自己软弱的肩，守护他最后的史诗。

日子是忙碌的，她枕着回忆而眠。有时，她会觉得，钟书从未走远，或许一直都在，他在看着她微笑，伴她谱写无与伦比的风华。所以，她并不觉孤单，孤单是一群人的狂欢。

一九九九年年末，她完成了自己的新译作——《斐多》。这是柏拉图对话集中的一篇，是充满睿智的西方哲学名篇。她如是说："我是按照自己翻译的惯例，一句句死盯着原译文而力求通达流畅。苏格拉底和朋友们的谈论，该是随常的谈话而不是哲学论文或者哲学座谈会上的讲稿，所以我尽量避免学术语，努力把这篇盛称有戏剧性的对话译成如实的对话。"

活到这把年纪，人生早已风轻云淡，她只想做好自己喜欢的二三事，整理丈夫的著作也好，自己翻译创作也罢，全凭自己喜欢。二〇〇一年，她将自己和丈夫的全部稿费和版税交给母校清华大学托管，成立了专项基金，资助成绩优秀的贫困学生。

这项基金，她没用自己的名字命名，也没用丈夫的名字命名，而是取了"好读书"三字。她依旧这么低调，只想在自己的世界里安然度日。据称，随着钱钟书的书籍一本本出版，他们的版税相当可观，到二〇一一年时，已经累计两百万元，资助了九名学生。

二〇〇三年，《我们仨》朴素干净地摆在了世人面前，这部写满回忆的散文，她依旧写得云淡风轻，冷隽幽默。钱钟书、杨绛、钱瑗，他们性格迥异、志趣相投，他们相亲相爱、相互扶持，他们一起走过那段有快乐也有艰难的岁月长河。

有人说，杨绛用自己三口之家的动人故事，向世界证明了，家庭是人生最好的庇护所。是的，不论狂风暴雨如何肆虐，只要他们相濡以沫，家便是最安稳的港湾，只是如今，世间只余她一人。

她也老了，多次生病入院，又多次康复出院。二〇〇五年年初，刚刚从医院出来的她，动笔写了《走到人生边上——自问自答》。钱钟书曾说过，人生是一部大书，她已是九十四岁高龄，对人生有太多思考与感想。她在这本集子的序言中如是写道：

“二〇〇五年一月六日，我由医院出院，回三里河寓所。我是从医院前门出来的，如果由后门太平间出来，我就是‘回家’了。

“躺在医院病床上，我一直在思索一个题目：《走到人生边上》。一回家，我立即动笔为这篇文章开了一个头。从此我好像着了魔，给这个题目缠住了，想不通又甩不开……”

这是一部别样的文学作品，写满了她对人生和世界的哲学思考。从神鬼写到人生，从灵魂写到个性本性，她如拉家常那般，将自己对命运生死的独到见解娓娓道来。

她是属于生活的，但对传统国学的驾驭也是轻车熟路。在书中，她对钱钟书《写在人生边上》进行注释，旁征博引间，她将文学、哲学等知识融会贯通，将自己见到的故事一个个信手拈来。她是特殊的传奇女子，书也是特殊的文学佳作。

二○○八年，在钱钟书辞世十周年之际，吴学昭编写的《听杨绛谈往事》出版了。书稿完结时，杨绛亲自题签作序，她明确表示，经传主本人认定的传记只此一本。

杨绛如是说："我乐于和一个知心好友一起重温往事，体味旧情，所以有问必答。我的生平十分平常，如果她的传读来淡而无味，只怪我这人是芸芸众生之一，没有任何传奇伟大的事迹可记。我感激她愿为一个平常人写一篇平常的传。"

世事轮回，走在这漫漫人生路上，重温往事，该是她难以言说的幸福。她自谦自己只是芸芸众生之一，生活平常无奇，其实人生何处不平淡，那世间的真善美，就蕴藏在平淡之间。

这是她的传记，是她的心灵史，更是一个传奇。

二○一一年七月十七日，她坦然步入生命的第一百个年头。如往常那般，没有生日会，也没有公开庆祝活动，她只是在亲友的陪伴下，吃了一碗喷香的长寿面。

简朴的生活，高贵的灵魂。这一年，她发表感言说："我今年一百岁，已经走到了人生的边缘，我无法确知自己还能走多远，寿命是不由自主的，但我很清楚我快'回家'了。我得洗净这一百年沾染的污秽回家。我没有'登泰山而小天下'之感，只在自己的小天地里过平静的生活。细想至此，我心静如水，我该平和地迎接每一天，准备回家。"

或许，她想归去了，想去那个有钟书和阿圆的世界。只是，我还是想为这个质朴的老人送上最诚挚的祝福：祝您健康长寿！

她说，自己是个零。人生百年，她已将一切参透，在她眼中，外界所有的赞誉都是浮华，她只是一个妻子、母亲，一个活生生的人。聪慧如她，只淡淡一句“世界是自己的，与他人毫无关系”，便道尽人生真谛。

如今，杨绛先生已经一百〇三岁，依旧淡定从容地活着。关于丈夫、女儿的事情她早已完成，现在不慌不忙地整理着自己的作品，她说：“做完他们的事情，心里才踏实，剩下我自己的事，已经不要紧了，即使此时走了，也可放心了！”

爱夫之情，爱女之心。她真真切切地思念着两个至亲之人，但生死有命，她也并不多加苛责。或许，一切正如她所言：“上苍不会让所有幸福集中到某个人身上，得到爱情未必拥有金钱；拥有金钱未必得到快乐；得到快乐未必拥有健康；拥有健康未必一切都会如愿以偿。”

相思染指年华，为爱已望断天涯，今生的你是我胸口的一颗朱砂痣。只是来世那棵开满樱花的树下，你会等我吗？

在时光深处等你。他如是说。

相思成冢，岁月轮回，她并不怕自己一人遗落红尘，因为她知道，时光深处，有两个人在等着她。

后　记

有人说，爱情是可遇不可求的旷世奇缘。

死生契阔，与子成说。执子之手，与子偕老。他们遇上了，情爱萌芽了，当时年少青薄衫，牵手处，许下的是一生一世的承诺。

流光容易把人抛，红了樱桃，绿了芭蕉。时间无涯洪流里，他们相亲相爱，相伴相随，虽然没有波澜壮阔的跌宕起伏，却在细水流长间写满暖心的温情。

我能想到最浪漫的事，就是和你一起慢慢变老，一路上收藏点点滴滴的欢笑，留到以后坐着摇椅慢慢聊……一双人，一世围城。世事坎坷磨难多，他们携手共进，走过了爱情，走进了婚姻，他们举案齐眉，走过了“文革”，走过了一路世事。

只是如今，摇椅依旧在摇，世间却只余季康一人。

此情可待成追忆，她沉浸在回忆里取暖。她说，这是一个“万里长梦”，梦境历历如真，醒来还如在梦中，但梦毕竟是梦，彻头彻尾完完全全是梦。

守着曾经的三口之家，守着一世的倾城年华。

岁月如歌，她已在世间走过百年，人也更加洗练豁达。她说：“好比香料，捣得愈碎，磨得愈细，香得愈浓烈。我们曾如此渴望命运的波澜，到最后才发现：人生最曼妙的风景，竟是内心的淡定与从容……”

钱钟书曾如是概括自己的婚姻——绝无仅有地结合了各不相容的三者：妻子、情人、朋友。走过漫漫人生路，爱情究竟是什么？三毛说，爱情有若佛家的禅——不可说，不可说，一说就是错。

不可说，那就不说。他们这对琴瑟和鸣的文坛伉俪，相携走过一生。纵然如今钱钟书先生已逝，但浓情不语，他与杨绛的一世爱情，依旧在岁月的轮回里静水流深。

读者反馈卡

尊敬的读者：

十分感谢您购买本书以及对本公司的大力支持。为能继续提供更符合您要求的优质图书，烦请您抽出点滴时间填写以下调查表并寄回，您的建议与意见将是我们不断前进的动力。我们会定期从有效回执中抽取幸运读者，寄送公司最新出版图书或其他精美礼品。

北京兴盛乐书刊发行有限责任公司

通讯地址：北京市朝阳区小营路10号阳明广场南楼14A
邮政编码：100101
读者QQ群：292306095（兴盛乐书友会）
电子邮件：xslzbs@163.com
公司微博：@兴盛乐文化
公司网址：www.xslbook.net

1. 您了解本书是通过：
   □书店 □网络 □报刊宣传 □朋友推荐
2. 您购得本书的渠道是：
   □新华书店 □网上书城 □民营书店 □超市 □报刊亭
   □其他______
3. 您决定购买本书是因为：
   □书名吸引 □内容吸引 □喜欢作者 □偶然购买

□朋友推荐　□其他______

4. 您觉得本书的优点有：

□文笔好　□内容好　□封面漂亮　□排版舒服　□价格合理

□手感好　□其他______

5. 您会向他人推荐或者谈论这本书吗？

□会　□不会　□偶尔会　□看看再决定　□其他______

6. 了解本书之后，您会关注或购买公司其他图书吗？

□会　□不会　□偶尔会　□看看再决定　□其他______

7. 您决定购买一本书的因素包括：

□内容　□封面　□书名　□朋友推荐　□媒体推荐　□作者

□其他______

8. 您比较喜欢的阅读类型有：

□人文历史类　□财经类　□管理类　□励志类　□小说类

□纪实文学类　□传记类　□散文、随笔类　□女性、生活类

□亲子、育儿类　□科普类　□其他______

9. 您觉得本书有何不足之处，您有何修改意见或建议？

____

____

10. 有没有您想读但市面上却没有的书？

____

____

您的姓名__________**性别**__________**年龄**__________**职业**__________

邮政地址______________________________________

邮政编码__________**手机**__________________________

E-MAIL______________________________________

QQ__________**微博**__________________________